# 交易大师的短线交易策略
## 股票和 ETFs 量化交易指南

(美)拉里·康纳斯　恺撒·阿尔瓦雷斯　著
康民 译

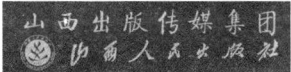

## 图书在版编目(CIP)数据

交易大师的短线交易策略/(美)拉里·康纳斯,(美)恺撒·阿尔瓦雷斯著;康民译.—太原:山西人民出版社,2019.7
ISBN 978-7-203-10504-6

Ⅰ.①交… Ⅱ.①达… ②恺… ③康… Ⅲ.①股票交易-基本知识 Ⅳ.①F830.91

中国版本图书馆 CIP 数据核字(2018)第 189153 号
著作权合同登记号 图字:04-2014-013

## 交易大师的短线交易策略

| 著　　者 | :(美)拉里·康纳斯,恺撒·阿尔瓦雷斯 |
|---|---|
| 译　　者 | :康　民 |
| 责任编辑 | :任秀芳 |
| 复　　审 | :贺　权 |
| 终　　审 | :秦继华 |

| 出 版 者 | :山西出版传媒集团·山西人民出版社 |
|---|---|
| 地　　址 | :太原市建设南路 21 号 |
| 邮　　编 | :030012 |
| 发行营销 | :0351-4922220　4955996　4956039　4922127(传真) |
| 天猫官网 | :http://sxrmcbs.tmall.com　电话:0351-4922159 |
| E-mail | :sxskcb@163.com　发行部 |
|  | 　sxskcb@126.com　总编室 |
| 网　　址 | :www.sxskcb.com |

| 经 销 者 | :山西出版传媒集团·山西人民出版社 |
|---|---|
| 承 印 者 | :三河市京兰印务有限公司 |

| 开　　本 | :880mm×1240mm　1/32 |
|---|---|
| 印　　张 | :5 |
| 字　　数 | :100 千字 |
| 印　　数 | :1—5100 册 |
| 版　　次 | :2019 年 7 月　第 1 版 |
| 印　　次 | :2019 年 7 月　第 1 次印刷 |
| 书　　号 | :978-7-203-10504-6 |
| 定　　价 | :45.00 元 |

**如有印装质量问题请与本社联系调换**

# 致　谢
## ACKNOWLEDGMENTS

一般书籍的封面上都会有作者的名字，但实际上大部分书籍是团队合作的结晶。我想感谢一些人，他们拥有真正的团队精神。

研究相关人员——特别感谢康纳斯研究有限责任公司的研发主管恺撒·阿尔瓦雷斯，感谢戴维·维尔蒙思特和阿密特·埃伦瑞奇。我还要感谢保罗·萨博，你在研究方面，尤其是对市场预测策略的见解很深刻。各位，你们都做得不错！

编辑相关人员——感谢达尼罗·托里斯、卡米尔·巴特勒、尼古拉斯·科勒德、布列塔尼·康纳斯和泰勒·莱温斯基，你们提出了很多建议，你们的贡献非常有价值，万分感谢！

# 目　录
## CONTENTS

前　言 ………………………………………… 1

第 1 章　不同的思路：规则 1

　　——在回调时买入，不要在突破时买入 … 9

　　规则 1——在回调时买入，不要在突破时买入！

　　　　………………………………………… 11

　　◇ 问题 1 ………………………………… 11

　　◇ 问题 2 ………………………………… 12

　　◇ 问题 3 ………………………………… 12

　　◇ 答案 …………………………………… 12

第 2 章　规则 2

　　——在市场下跌后买入，不要在上涨后买入

　　　　………………………………………… 17

**第3章　规则3**

——买入在200天移动平均线以上的股票，不要买入在200天移动平均线以下的股票……………………………………………………… 19

还记得这些股票吗？…………………… 21

**第4章　规则4**

——把VIX作为你的优势……在恐惧时买入，在贪婪时卖出 ……………………… 27

**第5章　规则5**

——止损会带来伤害 ………………… 31

测试 ……………………………………… 32

**第6章　规则6**

——持仓过夜是有好处的 …………… 35

**第7章　在当天下跌时交易**

——放大优势 …………………………… 39

优势 ……………………………………… 39

◇ 先开枪，后提问 …………………… 40

测试 ················································ 43
　　　◇ 测试1——在当天很强势的时候买入 ··· 43
　　　◇ 测试2——买入当天很弱的股票 ·········· 47

第8章　参数为2的RSI
　　　——交易者的圣杯指标？ ················ 53
　　结论 ················································ 56
　　超卖 ················································ 56
　　超买 ················································ 57
　　例子 ················································ 58
　　策略 ················································ 61
　　参数为2、数值小于5的RSI，交易标准普尔500
　　　　············································· 61
　　累积RSI策略 ································· 65

第9章　双七策略 ······································ 71
第10章　月底策略 ···································· 77
第11章　预测市场的五个策略 ················· 85
　　一、VIX延伸策略 ·························· 87
　　　结果 ··········································· 87
　　二、VIX RSI策略 ·························· 90
　　　结果 ··········································· 91

— 3 —

三、The TRIN ·················· 93
TRIN 策略 ·················· 94
四、使用累积 RSI 预测市场的又一个策略 ···
·················· 97
结果 ·················· 98
五、做空——标准普尔做空策略 ········ 100
结果 ·················· 100
总结 ·················· 102

**第 12 章 出场策略** ·················· 103
固定时间出场策略 ·················· 106
第一个上涨收盘出场策略 ·················· 106
新高出场策略 ·················· 107
收盘价在移动平均线之上出场策略 ·················· 107
参数为 2 的 RSI 出场策略 ·················· 107
不同出场方法的测试结果 ·················· 107
使用跟踪止损会如何？ ·················· 108
恰当地平仓和恰当地进场同样重要！ ·················· 109

**第 13 章 思　维** ·················· 111
**第 14 章 最后一章** ·················· 133

以下是我们总结的 16 个有用的短线交易策略 ················ 134

**拉里·康纳斯提供的其他交易资源** ············ 137
 拉里·康纳斯每日作战计划 ············ 137
 交易市场网站的波段交易大学 ············ 137

**读者反馈** ············ 139
**拉里·康纳斯的主席俱乐部** ············ 141
**译者后记** ············ 143

# 前　言

  1987年夏末，我决定离开经纪行业，开始全职交易。当时的问题是，我不知道有谁尝试过做全职交易；也没有相关的书籍或课程告诉人们如何实现全职交易。

  钱不是问题。1982年，当道琼斯指数在800点的时候，我幸运地被美林公司雇用了，五年后市场涨了3倍。和我的大学同学相比，我很幸运，我的收入是他们的3到5倍。

  *真正的问题是，我不知道具体如何交易！*

  在1987年，真正的交易者并不会谈论自己的交易方法。

  七年后，我开始去追求我的目标。我在1994年离开了帝杰公司（DLJ如果说美林公司是我就读的本科学院，那么帝杰公司就是我就读的研究生院了）。1994年3月4日周一，我在5点钟就起床了，在加州的马里布眺望太平洋。这是我开始全职交易的第一天。

两百多年前的塞缪尔·约翰逊曾经说过：

"当一个人知道自己在两周后就要被绞死的时候，他就会用心思考。"

我在1994年就是这个状态。之前十年我的收入是6位数，从那时开始，如果我不操作，我就不会有收入了。我有两个女儿，我要养家。作为一个刚刚辞职的白领，我当时挺害怕的。

再回到现在，如今这个世界已经大不相同了。从某些方面来说，这个世界很美好；从其他方面来说，这个世界也没那么好。

好的方面是指关于如何交易的信息很多，有时候我觉得信息多的铺天盖地。如果一个人不想花时间学习交易，他可以打开电视机，电视上有很多股票信息。最近《财富》杂志中有一篇文章说消费者新闻与商业频道上面，每天有100个不同的人在告诉你要买入哪只股票。再考虑到福克斯电视台、互联网、杂志、其他电视台和广播电台等媒体，我可以保证几乎每只股票都被人提到过。

# 前　言

我们可以对交易策略量化分析，这也是一件好事。当我刚开始学交易的时候，我是手工分析的，现在仍然是手工分析。我有一个笔记本，我在上面写下了进场点和出场点，然后我会计算最终结果如何。过去做一次测试需要几天的时间，现在则只需要几分钟。我的研发主管在90年代帮助微软开发了Excel，他能让我的测试过程变得更简单，更有效率。

不好的消息是，90年代的优势已经消失殆尽了，市场变得更加有效了。在1995年，你只要坐在屏幕面前，看着彭博社发来的行情和新闻，只要你有足够的耐心，你会发现彭博社会比道琼斯公司提前两三分钟发布一些重要的新闻，这样的新闻每天都会有一两个。当时大部分机构是根据道琼斯公司的新闻做交易的，你只要把这个消息散布出去，你在几分钟之内就能通过交易得到回报，这是不错的谋生方式。不过如今这种优势已经不存在了。

另外一种方法就是像当时的优秀交易者一样，把好股票，特别是分红正在增加的房地产投资信托基金都记下来，然后等待散户清仓。专业人士能在心脏跳动的一瞬间把股价打压5%到10%，然后大量的买盘就涌入了。你要做的事就是提前进场，并在买入报价下面下一个止损单。这个游戏常常会让大玩家变得疯狂。但是对于聪明的个人交易者来说，在90年代用这种方法简直就是在提款机里直接提款。

我会和你分享一些类似的策略,但是过去有用的策略和现在有用的策略常常没什么关联。我将在本书中告诉你哪些策略在过去和现在都是有用的。虽然我无法保证未来的收益如何,但是我相信这些策略在未来几年是有用的。

我将在本书中和你分享我20多年来的研究成果和相关知识,我很幸运地认识了一些优秀的交易者,我把他们的思维溶入了我自己的思维之中。凯文·汉格迪过去有7年的时间在管理富达资金市场交易公司,他和我一起组建了交易市场公司,我从像他这样的人身上学到了非常有价值的东西。我还和琳达·拉希克合著了一本书(《华尔街交易智慧》),《新金融怪杰》一书介绍了琳达,她是我见过的最优秀的标准普尔交易者之一。在我认识的交易者中间,她是唯一一个可以通过抛硬币的方式来决定标准普尔建仓方向并赚钱的交易者。她的交易技术非常了不起。还有一个市场奇才是我的好朋友,他叫托尼·萨里巴,他专业交易期权。很多期权交易者只有几年的时间是成功的,托尼和他的团队在过去30多年都是成功的。

这些人的共同特点就是他们知道如何利用优势进行交易,他们每个人都有在机构和交易所场内的交易经验。他们都知道,要想持续一致地从市场中赚钱,就要在

（别人）卖出的时候买入，在（别人）买入的时候卖出。本书中的统计数字和策略会进一步证实我的说法。

我还幸运地从其他成功的交易者身上学到知识。通过我的书和交易市场公司的网站，很多交易者采用了我们的研究成果，他们还加上了自己的东西，取得了更好的结果，其中有很多交易者开始了自己的交易生涯，并创办了自己的基金管理公司。因为他们有头脑，更重要的是因为他们很坚持，所以说他们追逐自己的梦想并成功了。

据我所知，人们交易的原因有很多种。很明显，赚钱是一个非常重要的原因之一。但是我认为还有其他原因。

对于很多人来说，交易是这个世界上最复杂、最迷人的游戏，永远琢磨不透。这个游戏有一套规则，但是具体细节总是在变。市场中每天都会有新的机会和挑战，随着时间的推移，很多市场的流动性增大了，投资品种增多了，机会增加了很多，挑战的难度也增大了很多。当我70年代末在大学里开始做交易的时候，交易对象只有股票和少量商品期货。几年后当我加入美林公司的时候，道琼斯在800点，当时还没有股指期货。如今市场已经全球化了，过去在政府监管下的交易所转型变成了上市公司，它们的口号是通过科技和开发新产品来实现增长。资本主义已经被发挥到了极致，我们玩的"游戏"也在日臻完善。

本书后面的章节内容囊括了市场理念、市场心理和市场策略。我们既可以根据这些市场理念、市场心理和市场策略交易美国品种，也可以根据这些市场理念、市场心理和市场策略交易国外品种。从理论上来说，如果要做交易，就要面对均值回归这个现象。均值回归的意思是，如果某个东西被拉得太长，它就会回弹。这个理论不是我提出来的，这个理论已经存在几十年了。我只是根据这个理论做了量化分析。别人把某些规则告诉你，并说："相信我，这些规则是有用的"，这是一回事；用统计数字来证明这些规则则是另外一回事。

我在《市场是如何运作的》（*How Markets Really Work*）一书中量化分析了很多短期行为。我们证明了，在市场连续3天下跌后买入的收益大于在市场连续3天上涨后买入的收益。很多章节都用统计数字证明了，做短线时低买高卖的收益大于在高价买入并在更高的价格卖出的收益。我们在本书中也会深入讨论这些问题的。这本书不仅仅谈论统计数字，还会讨论如何把统计数字应用到实战中。2003年我在《市场是如何运作的》中提了一个问题："棒球队都知道用统计数字做决策，为何华尔街热衷于消息呢？为什么奥克兰A棒球队总经理比利·比恩利用统计数字在经费有限的前提下管理好了一个球队，而大部分市场分析师仍然利用"观点"去管理几十亿的资产呢?"书上市以后,有两个依靠统计数字做决策的棒球队在四届世界级大赛中赢了三届(红袜队赢了两届,红雀队赢了一届)。这两个球队都把统计数字作为指导并恰当地运用它们。在本书中,你也要采用同样的方法。我会把统计数字展示给你看,并告诉你如何运用它们。

本书是这样的安排的。首先我们观察市场中本来就有的特定行为,主流媒体一般都不理解这些行为。你会了解到,有些东西看起来是符合逻辑的、是明显的,但是在交易的时候常常是错的。然后我们会分析回调,并了解为什么回调是有用的。我们会分析日线图和日内图中的回调,我们还会分析参数为 2 的相对强弱指数(RSI),这个振荡指标能帮助你确认如何利用回调做交易。

其次,我们会讨论策略。你在本书将要学到的所有策略都已经被研究了 10 多年了,我会告诉你每个策略的规则以及相应的测试结果。你将学到预测股票和标准普尔的策略,再次说明,这些策略都被量化分析过。如果有人想寻找日线级别的策略,你能在本书中找到。如果有人想自己做研究并深入了解这些理念,那么本书也是一座金矿,值得你去钻研。

再次,我们会认真研究出场。进场只是交易的一个方面,如果你有恰当的出场方法,你就把优势最大化。

我们会研究很多出场策略并用统计数字去证实这些策略的有效性。

也许本书最后讲述的内容才是交易成功的最重要因素，那就是心理。我们不会讨论其他书已经讨论过的内容，我们讨论的内容会比较深刻。我们会讨论交易实战的真实状况，我还会和你分享我以前和一个海豹突击队老战士之间的谈话内容。你不但能从中学到如何成为优秀的交易者，而且能学到如何在生活的方方面面表现优秀。

我希望你能从本书中学到很多知识。我们现在就开始吧。

# 第1章　不同的思路：规则1
## ——在回调时买入，不要在突破时买入

**乔治**：没用啊，杰瑞，这个没用。

**杰瑞**：什么东西没用？

**乔治**：为什么总是这样？我有美好的前途，我有风度，我很阳光。也许我说的不够贴切，我比较感性。在聚会的时候，我总能知道哪个人不开心。我发现我这一生做的决定都是错的，现实和我想要的总是相反的。我的每个直觉，无论是穿衣服或吃东西……都是错的。

**女服务员**：（你是不是要点）金枪鱼土司、凉拌卷心菜和一杯咖啡。

**乔治**：是的。不，不，不，等等。我怎么总是要金枪鱼土司，我不喜欢金枪鱼土司，我要一个完全相反的

套餐。我要黑麦加鸡肉色拉,不要烤的……还要一杯茶。

**伊莱恩:** 从这也看不出什么头绪啊。

**杰瑞:** 和金枪鱼相反的不是鸡肉色拉,而是大马哈鱼,因为大马哈鱼逆水游动,而金枪鱼是顺水游动的。

**乔治:** 你讲得不错。

(一个金发女士看了一下乔治)

**伊莱恩:** 喂,乔治,刚才那个女的在看你。

**乔治:** 怎么了?我该做点什么吗?

**伊莱恩:** 过去和她搭话呀。

**乔治:** 伊莱恩,对于一个秃头、没钱并和父母居住在一起的男人来说,他是不会和陌生女人搭话的。

**杰瑞:** 现在你正好可以尝试反着做啊。女生不喜欢金枪鱼色拉,她们喜欢鸡肉色拉。

**乔治:** 对,我是应该反着做。

**杰瑞:** 如果你的每个直觉都是错的,那么与之相反的就一定是对的。

取材自电视连续剧《宋飞传》中"相反的"一段情节。

我们现在开始讨论交易中的六个规则,和自己(以及媒体)的直觉"反着做"可以持续一致地从市场中赚钱,这是最好的方法之一。

## 规则 1——在回调时买入,不要在突破时买入!

先做一个智力小测验……

◇ 问题 1

假如说 1995 年 1 月 1 日标准普尔 500 的点位是 459.27。13 年后的 2007 年 12 月 31 日,市场上涨了两倍多,涨到了 1450 点以上。如果你专做突破,当市场创造了新的 10 天最高价时你就买入,当收盘价低于 10 天移动平均线时你就出场(随着突破交易者的涌入,基金经理会加仓的,媒体则会上蹿下跳地说这是多么好的事啊),那么你的最终收益如何?(译者注:本段原文出现了两个"10-period","10-period"可以理解为 10 分钟、10 天或 10 周,等等,也就是参数为 10。根据整本书的内容来看,大多时候"period"指"天",所以把"10-period"直译为"10 天"。)

a. 市场涨了两倍多,你是突破交易者,你应该赚了超级多的钱,你进入了福布斯排名的前400名。

b. 你赚了很多钱。你的小孩上大学没问题了,你的退休生活也没问题了,你在汉普顿区大导演斯皮尔伯格家附近又买了一套房子。

c. 你的收益比买入并持有的方法赚得多。

d. 你亏钱了。市场涨了两倍,你却是亏钱的。

◇ **问题2**

前提和问题1一样,不过你这次反着做,当市场创造了新高时,你卖出;当"聪明的"钱买入时,你做空。你的收益会如何?

◇ **问题3**

这是最后一个问题,我们应该深入研究一下。你没有在市场向上突破时买入,你完全疯了,你在市场向下突破时买入!当市场创造了新的10天最低价时你就会买入。就像电影《颠倒乾坤》一样——包括伦道夫·杜克在内的每个人都在大喊"卖出、卖出、卖出"——你却在买入(包括2000年到2003年的熊市,还包括2007年夏季的信用危机崩盘),并在收盘价大于10天移动平均线时出场,你的收益会如何?

◇ **答案**

我们首先研究当市场创造了新的10天最高价时会如何,这能帮助你找到正确答案。

当市场创造了短期内的新的最高价时,那表明在上周就已经出现了很多好消息。公布很好的经济报告、公布很好的财报、提高股票的评级,诸如此类的事情恐怕都已经发生了。此时看起来一切都那么完美,是不是?是的!那么股票会如何波动呢?从逻辑上来说,股票应该上涨,是不是?所以对于第一个问题,a、b、c、d四个答案都是符合逻辑的,不过逻辑是错的。

虽然在那个时期内标准普尔涨了 1000 多点,如果你在价格向上突破 10 天的最高价时买入并在价格向下突破 10 天移动平均线时出场,那么你是亏钱的!如果交易对象是标准普尔 500 指数,那么你差不多亏了 100 点。是不是觉得无法相信?我们都被告知要"买强",这个建议确实很不错。不过在本例中你有 41.1% 的时间是对的。我们都被告知要重视当天创造了新高的品种,然而,这个说法是错的……错的离谱。

所以问题 1 的答案是:你的收益无法超过买入并持有的方法,你无法和斯皮尔伯格做邻居,你也无法进入福布斯的前 400 名。在新高买入会让你亏钱……亏很多钱。

现在再来看问题 2,你在新高卖出。因为有好消息,每个人都在买入,你比较"傻",你在做空。结果如何?结果和(向上)突破时买入的结果相反(当市场向下突破 10 天移动平均线时出场)。在上涨的市场创造新高的时候做空能赚 100 点，59% 的时间都是正确的，然而在新高买入却是亏钱的。你会有什么想法？

现在再来看看问题 3。如果你在 10 天最低价买入，结果会如何？和前面一样，我们先来了解市场，看看发生了什么。当市场创造了 10 天最低价时，通常伴随着坏消息的蔓延。此时包括媒体和基金经理在内的几乎每个人都在谈论经济方面的坏消息、大公司的盈利数字有错和丑闻，等等。"从逻辑上说"，此时没有理由买入，但是这个逻辑也是错的。从 1995 年开始，如果你每次都在 10 天最低价买入，并在市场向上突破 10 天移动平均线时出场，那么通过交易标准普尔可以赚到 1048.70 点，你投资的时间只占总时间的 28.81%。另外，73.5% 的交易是赚钱的，不错，非常不错。

那么你该如何运用这个信息呢？方法有很多种。不过我要首先声明一下，这些统计数字结果并没有考虑滑点等交易成本，未来也无法知晓这些交易成本的利害关系如何。在此前提下，过去 13 年的数据能够告诉我们：

**1. 不要盲目地在股市突破时买入**

是的，这个世界看起来不错，消息是非常正面的，有很多激动人心的东西。但是，如果你没有超级的出场策略，那么在高点买入的方法长期下来是很难赚钱。如果在 1995 年开始的行情中你在高点买入，但没有赚钱，那么以后你会感到这个方法很难赚钱。

## 第 1 章　不同的思路：规则 1

**2. 当市场创造了最高价的时候，短期内反转的概率就会加大**

当市场创造新高的时候，你应该想办法锁定你的收益，而不是加仓。

**3. 在市场回调时买入（在本例中指 10 天最低价）是一个超级策略**

我们坚信这点，本书中的统计数字也证明了这点。

**4. 当市场创造高点的时候，不要被别人的炒作迷惑了**

当市场创造新高的时候，媒体和投资大众就会上蹿下跳地告诉我们这是多么好的事情。他们是对的……只是价格已经提前反映了这点，这就是价格创造新高的原因。相反的情况则是在最低点附近的消息都是负面的，根本没有其他消息。几天内偶尔出现的负面消息并不一定会让市场崩盘。世界快走到头了，悲观的大众会利用这几天的时间告诉你为什么市场会跌到 0，告诉你为什么人类没前途了。不要被他们迷惑了！他们总是错的。

本章的思路和苹果公司的思路是一样的，也是本书的重要主题——采用不同的思路。因为在收盘后，当每个人的想法都是一样的时候，他们通常是错的。你可以通过统计数字看到，在金融市场，这个说法特别正确。

# 第 2 章　规则 2

## ——在市场下跌后买入，不要在上涨后买入

我们都看过消费者新闻与商业频道，当市场猛涨或猛跌了几天后，记者和分析师们就变得很情绪化。

市场上涨后，每个人都会欢呼雀跃地告诉你事情都太好了，还要告诉你为什么价格会上涨。市场猛跌后，悲观的人又会不停地讲市场为什么会跌，为什么会继续下跌。

我们会发现这些人在大部分情况下都是错的。为什么会这样？我在上一章已经解释过了，他们反复阐述的是市场已知的事物。市场已经提前考虑到了大部分好消息（上涨的原因），市场也提前考虑到了大部分坏消息（包括未来可能的坏消息）。

我认为市场几十年来都是如此运作的，未来几十年也会如此运作。

你会如何利用这个信息赚钱呢？方法是当市场或股票连续上涨几天之后不要买入，当市场或股票连续下跌几天后不要卖出（或做空）。

以下统计数字可以支持这个结论：

从1995年到2007年，标准普尔500指数连续下跌3天后，在未来5个交易日的上涨幅度是平均每周上涨幅度的4倍多。

标准普尔500连续上涨3天后，（如果买入）在未来5个交易日平均是亏损的。

综合以上，最好在市场下跌后买入，不要在上涨后买入！

# 第3章 规则3

——买入在200天移动平均线以上的股票，不要买入在200天移动平均线以下的股票

很多人喜欢买入长期下跌的股票。你会看到有些人喜欢买入跌到200天移动平均线之下的股票，他们称之为"在底部钓鱼"（当人们把"成长股"理解为"低价股"的时候，就离死神不远了）。一旦一只股票跌到了200天移动平均线之下，一切都要从头再来了。最好买入在长期上涨趋势中的股票，不要买入在长期下跌趋势中的股票，理由如下：

我们研究了从1995年到2007年的800多万笔交易，然后观察了股票到达200天移动平均线之上和之下后5天内的行为。你会看到，股票在200天移动平均线之上的收益比较多。

另外,在 20 世纪,大部分股票的大跌发生在 200 天移动平均线之下。股票可以在 200 天移动平均线之上就开始下跌,但是大部分情况下是在股价向下突破 200 天移动平均线后才开始下跌的。

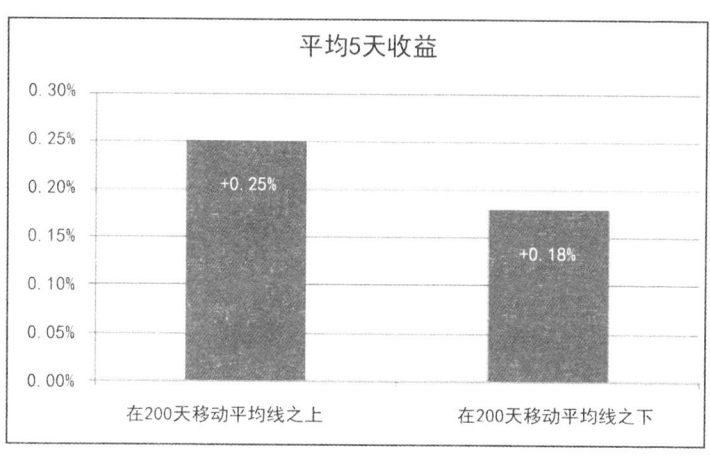

图 3.1 平均 5 天的收益

从安然到贝尔斯登,从 2000—2002 年互联网股票的崩盘到 2007—2008 年房地产和经纪行业股票的崩盘,这些股票的价格曾经都在 200 天移动平均线之上,但是最终它们都走到了 200 天移动平均线之下,然后开始大跌。

# 第 3 章 规则 3

## 还记得这些股票吗?

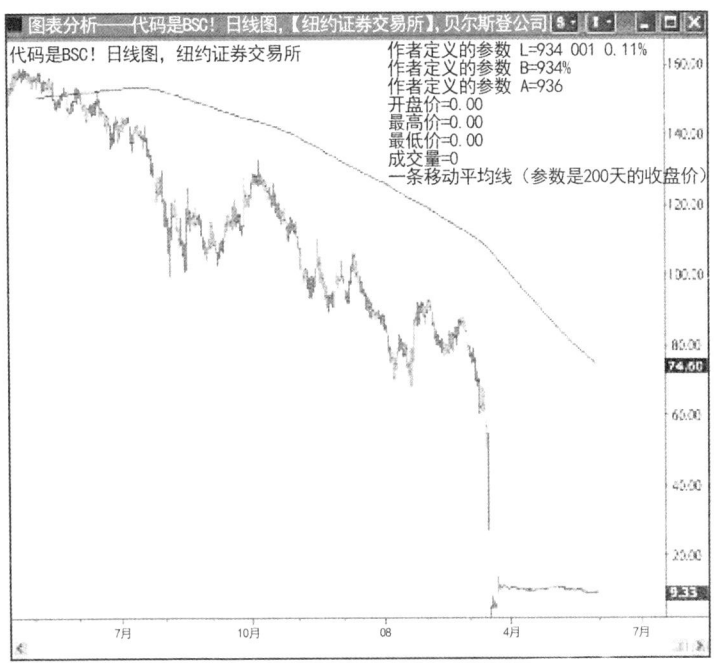

资料来源:Tradestation 科技公司的 tradestation 软件生成的图表。①

**图 3.2 贝尔斯登**

贝尔斯登跌到 200 天移动平均线之下后就慢慢消失了。

---

① 译者注:tradestation 是美国著名的行情和测试软件,国内没有对应的中文翻译,本意是"交易站"。

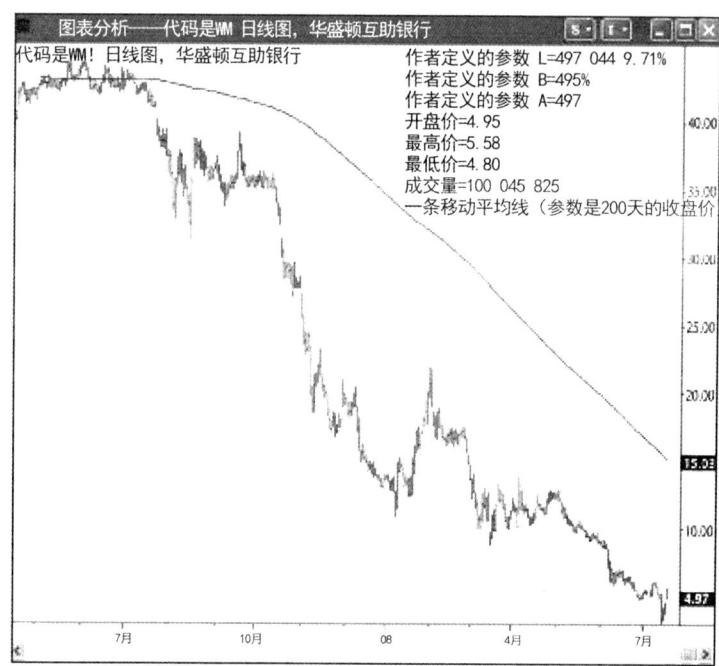

资料来源：Chart created on TradeStation1?,
the flagship product of TradeStation Technologies, Inc.
Tradestation 科技公司的 tradestation 软件生成的图表。

**图3.3 华盛顿互助银行**

只要华盛顿互助银行跌到了200天移动平均线之下，就平仓，这样就能避免大亏。

第 3 章 规则 3

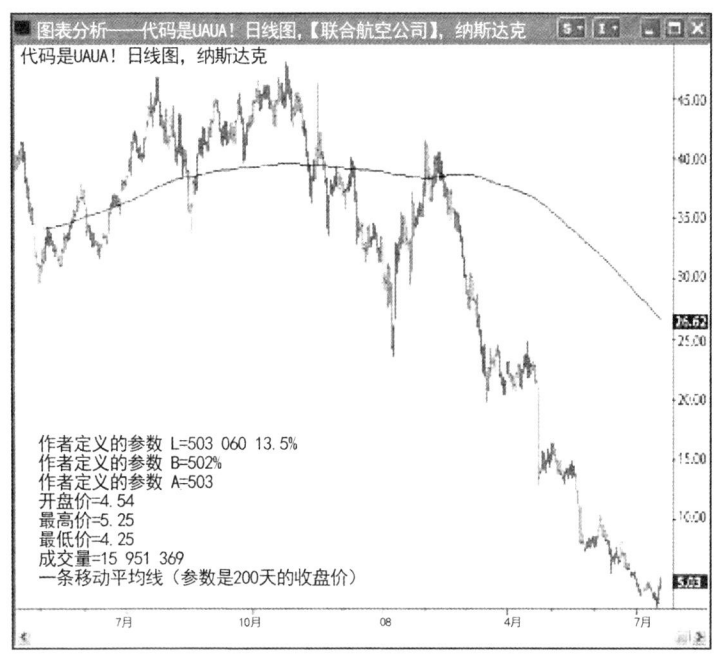

资料来源：Tradestation 科技公司的 tradestation 软件生成的图表。

图 3.4 联合航空

一开始还在美好的天空下飞行，到了 200 天移动平均线之下就猛跌了。

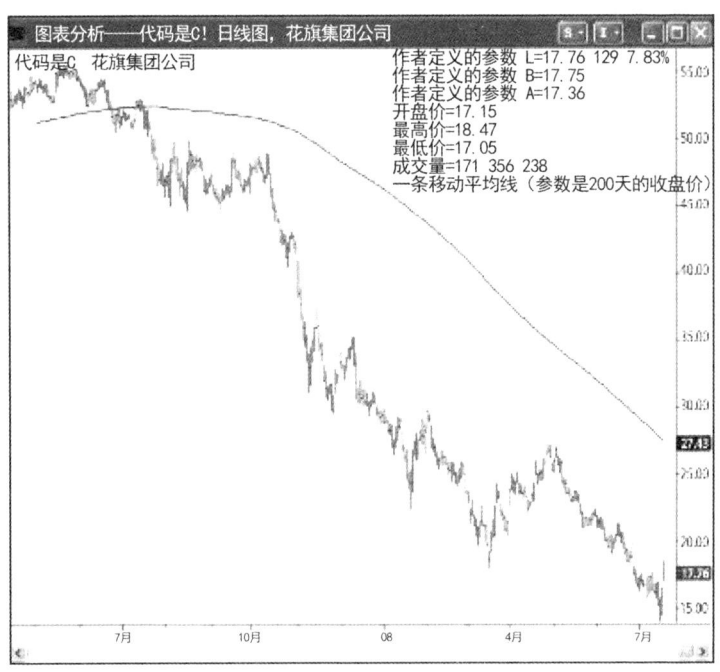

资料来源:Tradestation 科技公司的 tradestation 软件生成的图表。

**图 3.5　花旗集团**

同理,只要股票跌到了 200 天移动平均线之下就平仓,这样就能避免大亏。电视上的分析师总是喜欢在股票越跌越低的时候说股票很便宜。

第3章 规则3

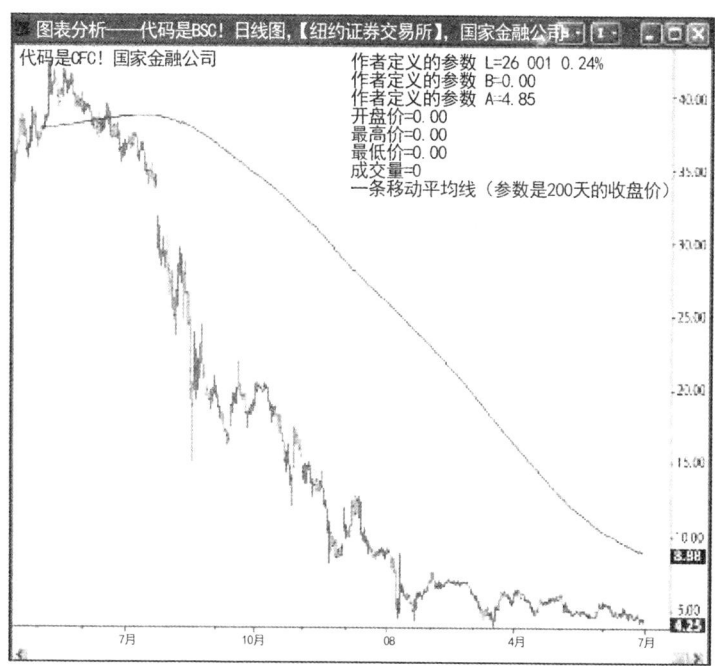

资料来源：Tradestation 科技公司的 tradestation 软件生成的图表。

图 3.6 国家金融公司

国家金融公司——该说的都说了。

哇！我可以找到几百个这样的例子。当它们下跌的时候，看起来都很"便宜"，不过它们会越来越便宜，并继续便宜下去的。

这个规则并不是万无一失的，很多好股票确实在 200 天均线之下显示了真正的价值。但是总体而言，在不必增加任何过滤器的前提下，在长期趋势是上涨的时候买入比较轻松（压力也比较小）。

— 25 —

# 第 4 章 规则 4

## ——把 VIX 作为你的优势
## ……在恐惧时买入，在贪婪时卖出

VIX 是预测指数和证券的最好的指标之一，我们的很多研究都支持这个理论。（译者注：study 在 tradestation 软件中特指测试功能及其测试结果，所以本书中的"研究"一词有特定的含义）

首先，让我们快速地给 VIX 下一个定义。根据隐含波动性加权平均计算出来的芝加哥期权交易所标准普尔 500 指数（SPX）的波动性指数（VIX），反映了市场对未来波动性的估值。

当市场下跌的时候，恐惧笼罩着市场，VIX 通常是上涨的。如果市场在猛烈地下跌，那么 VIX 是非常高的数字。此时可以和情绪反着做，那就是做多。

相反的情况则是市场在上涨，此时大家都很自满

（通常会贪婪），你就会看到 VIX 的数值比平均值小，历史表明，此时最好锁定收益，甚至可以做空。

很多网站、书籍和分析师都喜欢使用 VIX 的静态数字，这是完全错误的，我会在本书后面详细解释的。

恰当地使用 VIX 的方法是观察它和 10 天简单移动平均线的相对关系。VIX 在 10 天移动平均线上面的幅度越高，市场就越有可能是超卖的，市场即将上涨。相反的情况是，VIX 在 10 天移动平均线下的幅度越大，市场就越有可能是超买的，市场就越有可能振荡下跌。

如果你只想采用一个市场情绪指标，那么就应该采用 VIX5% 规则。

VIX5% 规则是这样的——当 VIX 在均线下面的距离是 5% 的时候，就要谨慎买入股票。为什么？因为从 1995 年开始，对于标准普尔 500 来说，当 VIX 在 10 天均线下面 5% 时，（如果买入）之后 5 天是净亏损的。没错，虽然从 1995 年开始标准普尔 500 上涨了两倍多，但是当 VIX 收盘在 10 天均线之下 5% 或更多的时候，（如果买入）之后 5 个交易日平均起来是亏损的。

VIX5% 规则也是一个很好的买入指标。从 1995 年开始，每当 VIX 在 10 天均线上面 5% 或更多的时候，（如果买入）标准普尔 500 的周收益是平均周收益的 2 倍。

这意味着什么？这意味着当 VIX 在 10 天均线之上至少是 5% 的时候，这是一个买入优势；当 VIX 在 10 天均线之下至少是 5% 的时候,这是一个锁定收益的优势(不是买入)。当市场非常恐惧且 VIX 很高的时候,我们要买入。当市场很贪婪且 VIX 比较低的时候,我们要锁定收益并/或做空。

我在市场预测那章会深入讨论这点的。

# 第5章 规则5
## ——止损会带来伤害

多年来，我一直支持在交易的时候使用止损单。如果你看过我在2004年之前的所有文字，你会发现我在大部分策略里面都会写到"使用止损单"。

在2005年初，我们开始做测试，以寻找最佳的止损点位，结果和我们想象的完全"相反"（又用到了这个单词）。我要特别感谢我的研发主管凯撒·阿尔瓦雷斯，还要感谢戴维·维尔蒙思特，是他们引起了我的注意。我们在测试止损的时候测试了几百个变量，都得到了相同的结论，在交易股票和证券指数的时候，止损会带来伤害。

下面是一个例子（同理，我们能找到几百个同样的例子）

## 测试

一只股票在 200 天移动平均线之上,它的收盘价是 10 天最低价(此时买入)。当股票的收盘价在 10 天移动平均线之上时就出场,或低于进场点 x% 的止损单被触发了就出场。

测试结果如下:

| 止损% | 交易笔数 | 平均利润/亏损% | 平均持有的竹线数 | 胜率% |
| --- | --- | --- | --- | --- |
| 无 | 236237 | 0.58% | 7.74 | 69.81% |
| 1 | 394480 | 0.19% | 2.89 | 26.89% |
| 3 | 321824 | 0.20% | 4.11 | 47.31% |
| 5 | 286991 | 0.20% | 5.01 | 57.54% |
| 7 | 268410 | 0.22% | 5.65 | 62.72% |
| 10 | 253863 | 0.27% | 6.31 | 66.55% |
| 20 | 239605 | 0.39% | 7.26 | 69.35% |
| 50 | 236337 | 0.56% | 7.70 | 69.81% |

正如你所见到的,无论你的止损点是如何设置的,它都伤害了业绩。止损点越紧,业绩越差。让人感到吃

惊的是，即使把止损点设置在50%（大部分人都不会把止损点设置在这么远的价位），也会伤害业绩！很明显，做市商、专业人士和专业交易者都知道止损单设置在什么价位，很多时候他们就是冲着这些止损单来的。

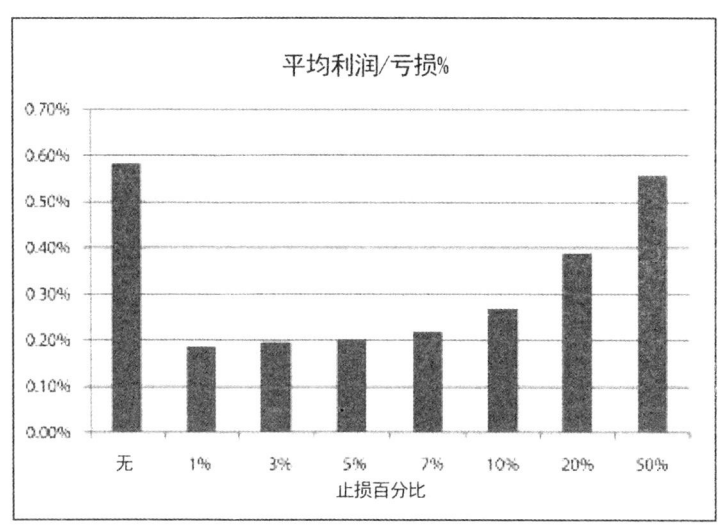

图5.1　根据不同止损点得到的平均利润/亏损

很多时候股票会下跌，止损单被触发了，然后股票又恢复了上涨。很明显，这个现象不是每次都会发生，但是发生的次数很多，导致收益减少。我估计你在交易的时候已经遇到了这种情况。这些测试结果已经说明了这点。

止损单对股票和指数的业绩都有不利影响；因为我

们在写作本书的时候并没有针对期权、期货和外汇做测试，所以说暂时不对这些品种下结论。对于很多人来说，止损单会让人在心理上感到舒服。如果止损单会让你感到舒服，那就使用止损单吧。只是你要知道，长期下来，止损单会让你支付一定的成本。

# 第6章 规则6

## ——持仓过夜是有好处的

从1995年到2007年,很多负面事件对美国市场带来了严重的影响。美国两次在中东发起了战争,世界贸易中心被袭击了,差不多死了3000人,全世界最大的对冲基金之一长期资本公司的倒闭导致整个金融系统差点瓦解,最大的能源公司之一安然公司的倒闭让纳斯达克从最高点下跌了70%以上,房地产和金融信用危机让几十亿美元打水漂了。

综合考虑以上事件,如果你在1995年知道未来13年里会发生这些事,你会如何交易?到处都是地雷,很多地雷出现在晚上,美国股市是收市的。假如说你真的想做多,那么最安全的做法是什么?

1. 你会不会说"我只在白天开市期间买入,在收盘时平仓,这样我就能保护自己了?"

2. 或在1995年，你会不会决定每天在收盘时买入，然后再第二天开盘时卖出？在收市期间，你没有办法保护自己。你必须想到，夜间100%会出现让你无法脱身的风险。

比较符合逻辑的方法是哪个？

你慢慢会了解到，这些问题的明显答案通常是错的。像这样明显的答案——"我只在白天持仓，这样就能回避所有的夜间风险"，这个做法从1995年开始就是超级错的。我知道你很难相信，但事实如此。

让我们一起看看下面的结果：

夜间持仓——在收盘价买入SPY，并在第二天开盘时卖出。

白天持仓——在开盘价买入SPY，并在同一天收盘价卖出。

正如你看到的，在收盘价买入并在第二天开盘时卖出的方法的收益是很高的。在开盘价买入并在收盘价卖出（不必面对夜间风险），投资者在交易SPY的时候实际上是亏钱的，而在此期间标准普尔500市场却上涨了两倍！在交易QQQQ的时候也会得到相同的结论。（译者注：QQQQ是跟踪纳斯达克100的指数基金，美国人有时候也把这种基金称作是股票或ETF，代码是QQQQ，俗称qubes）

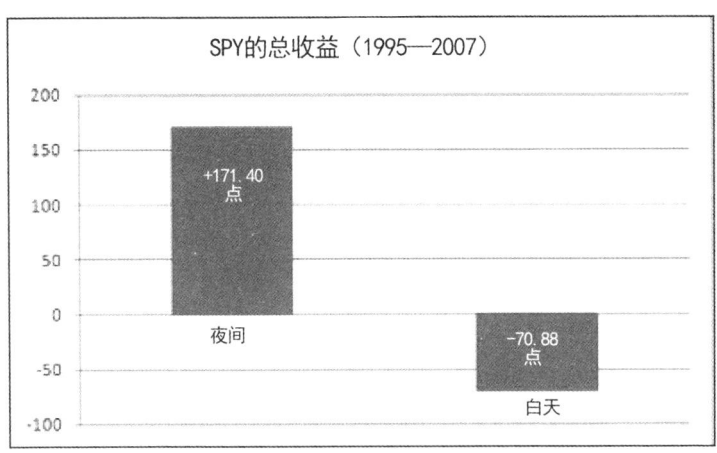

（注：SPY 是美国的跟踪标准普尔 500 的指数基金，美国人有时候也把这种基金称作是股票或 ETF，代码是 SPY，俗称蜘蛛 spider）

图 6.1　SPY 的总收益（1995—2007）

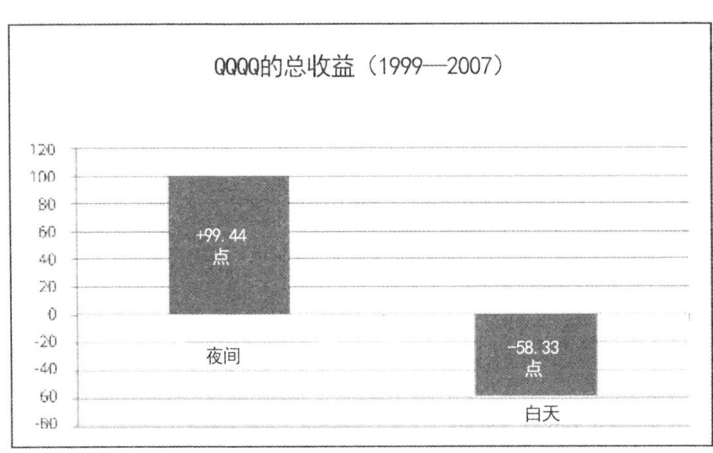

图 6.2　QQQQ 的总收益（1999—2007）

当我把这个结果告诉别人的时候，他们通常都很震惊，这和传统的智慧不同。我们通过这些研究可以发现，和别人的想法、做法反着做通常就能成功。如果这是符合逻辑的，每个人都是这么想的，那么就不太可能会赚钱。除非你交易就是为了娱乐，要想找到优势，你就要寻找明显的事物，很多时候还要反着做。这个思路对你是有帮助的……最好是有统计数字来支持这个思路。

现在我们把这个知识运用到交易中。

# 第 7 章　在当天下跌时交易
## ——放大优势

"当他们呕吐的时候从他们那里买入,当他们吹嘘的时候再卖给他们。"

—— 富有的交易者(名字叫持有)

我们已经知道了,做短线时,在回调时买入股票比在突破时买入好。我们还进一步了解到买弱比买强好很多。在本章,我们会研究如何结合短期内的回调和日内的回调以进一步利用优势。

## 优　势

我坚信,时间越长市场行为越有效。这意味着,长期而言,市场参与者都有能力消化吸收市场信息并做出理性的决定，但是在短期内他们消化吸收的能力比较弱。把时间再缩短，缩短到几小时、几分钟或几秒钟，就会常常出现混沌的现象。这里的重点是，市场越混沌，股价越容易出错，机会就越多，行动快速、聪明的交易者就能利用混沌现象赚钱。

◇ 先开枪，后提问

我们都看见过股票日复一日地下跌（有时候下跌的原因仅仅是因为股市下跌了），然后股票在某天猛跌、快速反弹并涨得更高。

为什么一只股票会在一周之内从120跌到80，然后在几个小时内涨了10%到15%？是不是上市公司的"基本面"在几个小时之内就发生了奇迹般的变化？他们是不是发现了治疗感冒的方法，或是在几个小时内创造了革新技术？

当然不是！有一个原因会导致股票出现这样的行为，这个原因就是恐惧和非理性行为。股票猛烈下跌后，人们就会开始从基本面寻找原因。就像自我实现的预言一样，卖出会导致恐慌，最后股价会跌到一定的水平，进入"超卖状态"，然后股价会猛烈上涨（通常发生在日内）。买家就会进场，空头忙着回补，股票涨了很多，你才反应过来，在这个过程中并没有任何"基本面"事件发生。我们知道，这种现象叫作均值回归，利用这种现象的交易叫作回调交易。

相反的情况是，我们看到股票每天都在上涨，把上市公司的市值抬高了几百万美元。金融新闻机构正好需要利用这样的股票大肆炒作。

"XYZ公司的股票今天又上涨了10%，交易者告诉我，这家公司在未来10到20年发展前景很好"（我一直想预测10到20年后的发展前景，但是很困难，你会发现电视上面的聪明人都能提前预测10到20年后的发展前景）。每当我听到这样的说法，我的直觉是"要买入这只股票（很多人都会有这样的直觉——这个直觉叫盲目的贪婪）。"

我们认为比较理想的状况是，股票在当天处于非常超买或超卖的状态。

幸运的是，我用比较痛苦的方式（亏过）学到了这些知识，所以每当我有买入股票的冲动时，我就会尽量忽视这种冲动，有时候我会反着做，我会做空这样的股票，不过我很少去做空。

市场创造了新高，消费者新闻与商业频道节目中的人戴帽子庆祝，维多利亚秘密模特在欢庆，这些事都发生在同一天，结果如何？

(结果是) 5年大牛市结束了。

我们都记得这些疯狂的泡沫，最严重的一次是2007年夏天的泡沫。我们的一个客户邀请我的研发主管恺撒·阿尔瓦雷斯和我去他家吃中饭。这个客户和他的合伙人在国外操作资金,他们到美国来拜访他们的客户。你对 2007 年 7 月 17 日这天还有印象吗?你应该会有印象的。为什么?因为道琼斯在这天第一次突破了 14000 点。当时我们坐在这位先生宽敞的公寓里,消费者新闻与商业频道里面的人都戴着聚会时戴的帽子(我不是开玩笑)。人们都很激动,消费者新闻与商业频道里面的人很激动,维多利亚秘密模特公司的模特也很激动,他们碰巧在同一时间讲述着同样的故事,这样就放大了人们的激动心情。

请想象一下吧,道琼斯创造了有史以来的最高点,第一次涨到了 14000 以上!我们都在见证历史(维多利亚秘密模特公司的模特也在见证历史)。这很神奇,不是吗?但我们并不这么认为,我们四个人在几天前当市场表现强势的时候就卖出了,我们几乎只持有现金。没错,市场在疯狂,每个人都在赚钱,只有我们没参与!

根据我们的统计数字分析,这场狂欢聚会该结束了。几天后欢乐变成了痛苦,这次狂欢聚会的结束方式比每个人想象的还要惨。信用危机很快影响了美国市场,道琼斯在一年中跌了 3000 多点,几十亿美元消失殆尽。这就是消费者新闻与商业频道里面的人戴聚会帽子和维多利亚秘密模特公司的模特们表演的原因。

从这件事中你能学到一点,无论何时,只要你看到消费者新闻与商业频道节目里面的人戴上了聚会帽子,你就要尽量卖出。

下面两课讲解如何针对超买和超卖的状况进行交易。在理想状态下，我们希望当天的超买和超卖情况越明显越好。

上涨的时候，我们希望看到维多利亚秘密公司的模特们在消费者新闻与商业频道的节目里因为激动而上蹿下跳，欢呼雀跃。下跌的时候，我们希望基金经理和投资者们都在吐货。请原谅我说话这么直接，你可以问问任何一个成功的专业交易者何时最赚钱，大部分交易者都会告诉你在别人吐货的时候最赚钱。在恐惧时买入，在贪婪时卖出。和其他交易策略一样，我们有统计数字能证明我们的观点。

我们现在来看看，当股票在当天的走势越来越到极端价格时会做出什么样的反应。

## 测试

### ◇ 测试1——在当天很强势的时候买入

我们分析了1995年到2007年之间的所有股票，这些股票满足以下条件，之前100天内平均每天成交量至少是25万股，股价在5美元以上，收盘价都是10天最高价且在200天移动平均线之上。你从下面统计数字可以看出，这些股票在50%的时间里都上涨了，5天后的平均优势是

0.06%。对于这些"动量"股票来说，优势很小。

**测试：**

1）收盘价是10天最高价且股价在200天简单移动平均线之上（是长期上涨趋势动量行情）。

2）过去100天的平均成交量是每天25万股。

3）股价在每股5美元以上。

4）在收盘价买入。

5）5个交易日后在收盘价出场。

**结果：**

总交易笔数：1264571

正确百分比（正确率）：50%

平均每笔交易的收益：0.06%

正如你看到的，优势很小。平均而言，在10天最高价买入，之后5天几乎没有收益。

我们现在再来看看买入持续上涨的股票会如何。我们的做法就是设置一个限价单以在"强势时买入"。

**测试：**

1）股票的收盘价是10天最高价且股价在200天简单移动平均线之上。

2）过去100天的平均成交量至少是每天25万股。

3）股价在每股 5 美元以上。

4）下限价单，把前一天的收盘价加上 1% 作为买入价。我们还测试了 3%、5%、7% 和 10% 等参数。

5）5 个交易日后出场。

**第二天高 1% 买入的结果**

总交易笔数：597063

正确百分比：49%

平均每笔交易的收益：0.02%

**第二天高 3% 买入的结果**

总交易笔数：201156

正确百分比：47%

平均每笔交易的收益：-0.18%

**第二天高 5% 买入的结果**

总交易笔数：87606

正确百分比：45%

平均每笔交易的收益：-0.42%

**第二天高 7% 买入的结果**

总交易笔数：44131

正确百分比：43%

平均每笔的收益：-0.62%

### 第二天高 10% 买入的结果

总交易笔数：18784

正确百分比：42%

平均每笔交易的收益：-0.90%

只要看一眼就明白了。当天上涨的动量越大，之后 5 天的业绩越差。

买入当天强势的股票的结果却是亏损的。当天以高 3% 的价格买入，5 天后有 53% 的时间会得到 -0.18% 的收益。以高 5% 的价格买入，亏损增加到 -0.42%。以高 7% 的价格买入，亏损是 -0.65%。当股票的收盘价是 10 天最高价且当天又上涨了 10% 的时候（请想象一下，当电视里面的记者报道这些"让人激动的股票"时，会是多么令人心动），结果是（买入后平均）每笔交易亏损 0.90%。这些股票 58% 的时间是下跌的。看起来很不错的股票——交易的结果却很差。

很明显，在当天表现很强的股票并没有正优势。这些股票被超买了，大部分在 5 天内价格会反转。

我们再来看看相反情况下的股票。我们来看看通常让人们感到"担心"且"猛烈下跌"的股票。我们先分析收盘在 10 天最低价的股票，然后分析在当天跌得更厉害的股票。

◇ **测试2——买入当天很弱的股票**

**测试：**

1）股票收盘在10天最低价，股价在200天简单移动平均线之上（长期上涨趋势中的回调）。

2）过去100天的平均成交量至少是每天25万股。

3）股价在每股5美元以上。

4）在收盘价买入。

5）5个交易日后在收盘价出场

**结果：**

总交易笔数：661570

正确百分比：54%

平均每笔交易的收益：0.61%

很明显，在10天最低价买入的收益比在10天最高价买入的收益多。现在，我们再看看在当天更低的回调点买入会如何。

**第二天用限价单在低1%的价格买入的结果**

总交易笔数：342091

正确百分比：55%

平均每笔交易的收益：0.62%

### 第二天用限价单在低 3% 的价格买入的结果

总交易笔数：144436

正确百分比：57%

平均每笔交易的收益：1.17%

### 第二天用限价单在低 5% 的价格买入的结果

总交易笔数：63154

正确百分比：59%

平均每笔交易的收益：1.97%

### 第二天用限价单在低 7% 的价格买入的结果

总交易笔数：33831

正确率百分比：62%

平均每笔交易的收益：2.95%

### 第二天用限价单在低 10% 的价格买入的结果

总交易笔数：14939

正确百分比：63%

平均每笔交易的收益：4.35%

你能看出，当天下跌越厉害，（如果买入）之后 5 天内的收益越多。

首先，在 10 天最低价买入的收益比在 10 天最高价买入的收益多10倍（0.61%比0.06%）。当我们增大限价单的数字时，我们开始看到优势明显地增加了。

当限价5%时，和创造了最高价并继续上涨的股票相比，每笔交易有接近2%的优势。对于当天下跌了10%或更多的股票，63%的时间会上涨，且平均5天的收益是每笔4.33%。如果年化这个收益，你就能明显看出这个优势有多么大。

我们一起看看创造了10天最低收盘价且在当天下跌了10%的股票是什么样子。

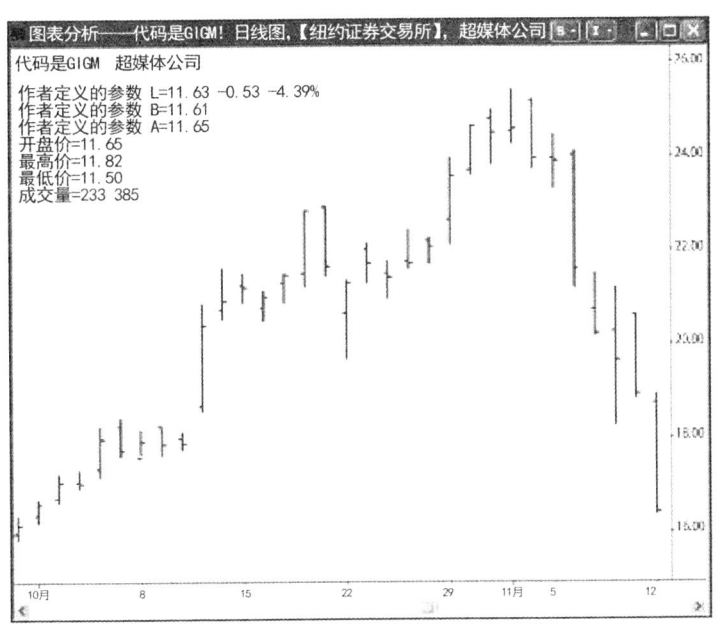

资料来源：Tradestation科技公司的tradestation软件生成的图表。

图7.1　GIGM

谁愿意买入这样的股票呢？因为股票在当天是大跌的，很少有人看见电视上会说："哇，GIGM 看起来很惨啊！"

因为统计数字表明这种下跌会导致这样的行情……所以聪明的钱（操纵能力强的资金）会从中得到很多回报。

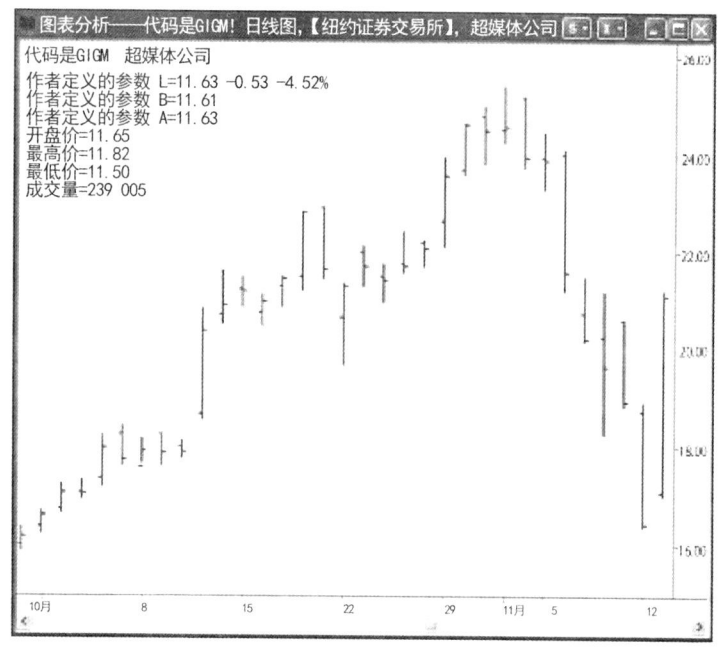

资料来源：Tradestation 科技公司的 tradestation 软件生成的图表。

图 7.2  GIGM

很少有书籍或课程传授这样的图表模式（有些人会

这么做,但是他们只是教你如何"回避"或"做空"这些股票)。这样的事情已经发生了成千上万次,到了一定程度,你就学会了回避向上突破的、人们都在兴奋地穷追猛赶的股票,用心寻找在日线图和日内图中都猛烈下跌的股票并买入,方式不同,收益不同。

随着你知识的增长,你会发现短期的均值回归可能会带来几年的优势。当价格在当天走到离均值很远的价位时,这些优势甚至更大。

总结一下,交易的目标是低买高卖(很明显,任何生意都是如此)。以后在交易时交易者要有耐心,要会选择,要等待优势的出现。消费者新闻与商业频道不会总是在市场的最高点请维多利亚秘密公司的模特们来表演。但是市场在最高点的兴奋的心情总会传播到你那里,你要加以利用。当市场出现回调的时候,尤其是在日线图和日内图中同时发生了回调的时候,市场有很强的短期上涨倾向,你要抓住这个优势买入。

# 第 8 章 参数为 2 的 RSI
## ——交易者的圣杯指标?

我将要和你分享的很多策略都用到了一个振荡指标,我想把这个指标介绍给你。对于证券交易者来说,如果你能正确地运用相对强弱指数(RSI),那么这个指标就是最强的指标之一。

有很多书和文章都谈到了 RSI、其使用方法和其预测股价短期波动的价值。可惜的是,大部分内容都不是根据统计数字得出的结论。RSI 指标非常流行,很多交易者都依靠 RSI 做交易,这有点出人意料。

大部分交易者使用参数为 14 的 RSI,但是我们的研究表明参数为 14 的 RSI 并没有优势。

然而,如果你把 RSI 的参数变小(也就是比 14 小),你会看到很多不错的结果。我们的研究表明参数为 2 的

RSI 能够得到非常有活力的、持续一致的收益，我们结合参数为 2 的 RSI 总结了很多交易方法。

我们先来了解一下 RSI 的背景，看看这个指标是如何计算出来的。

相对强弱指数（RSI）是 J·韦尔斯·韦尔德在 70 年代末开发出来的。这是一个很有用的、很流行的动量振荡指标，这个振荡指标会比较股票最近上涨幅度和下跌幅度。

一个简单的公式（见下面）可以把价格波动转化成 0 到 100 之间的数字。这个指标最常用的功能就是评估超买状况和超卖状况。简单说就是，RSI 的数值越高，股票就越是超买的；RSI 的数值越低，股票就越是超卖的。

RS（相对强弱）= X 天收盘上涨（幅度）的均值/X 天收盘下跌（幅度）的均值

前面说了，RSI 的默认参数是 14。对于任何行情软件，你可以轻松地修改这个默认参数，如果你不确定具体如何修改，你可以联系软件提供商。

参数为 2 的 RSI

我之前说了，RSI 的默认参数是 14。但是研究太长

## 第 8 章 参数为 2 的 RSI

时间以前的数据意义不大,我们认为应该缩短时期,最好把参数缩小到 2。证据如下:

我们分析了从 1995 年 1 月 1 日到 2007 年 12 月 31 日之间的 800 多万笔交易。下表显示了在测试时期分别为 1 天、2 天和 5 天(1 周)的情况下,在 200 天移动平均线之上的所有股票的平均收益/亏损(译者注:作者并没有说具体方法)。我们把这些收益数字作为对比的标准。

表 8.1 (1995—2007)所有股价在 200 天移动平均线之上的平均收益/亏损百分比

| 时期 | 收益/亏损 |
| --- | --- |
| 1 天 | 0.05% |
| 2 天 | 0.10% |
| 5 天(1 周) | 0.25% |

我们用参数为 2 的 RSI 分析超买和超卖状态,数值大于 90 就是超买状态,数值小于 10 就是超卖状态。换句话说,如果股票的参数为 2 的 RSI 的数值在 90、95、98 和 99 之上,我们就认为这些股票是超买的;如果股票的参数为 2 的 RSI 的数值在 10、5、2 和 1 之下,那么我们就认为这些股票是超卖的。我们再拿这些结果和标准收益数字做对比,发现如下结论。

# 结 论

## 超卖

RSI 越小，收益越大

◇ 股票的参数为 2 的 RSI 的数值小于 10 时的平均收益大于标准的 1 天、2 天和 1 周后的收益（分别是 0.07%、0.21% 和 0.49%）。

◇ 股票的参数为 2 的 RSI 的数值小于 5 时的平均收益也大于标准的 1 天、2 天和 1 周后的收益（分别是 0.13%、0.13% 和 0.62%）。

◇ 股票的参数为 2 的 RSI 的数值小于 2 时的平均收益明显大于标准的 1 天、2 天和 1 周后的收益（分别是 0.21%、0.47% 和 0.79%）。

◇ 股票的参数为 2 的 RSI 的数值小于 1 时的收益更加明显大于标准的 1 天、2 天和 1 周后的收益（分别是 0.25%、0.56% 和 0.93%）。

当你观察这些收益时，请注意这些业绩是一步一步地提高的，这很重要。RSI 越小，业绩越大。股票的参数为 2 的 RSI 的数值小于 2 时的收益大于 RSI 的数值小于 5 时的收益，等等。

这意味着交易者应该围绕参数为 2、数值小于 10 的

RSI 开发交易策略。

**超买**

我们看看相反情况下,也就是 RSI 的数值很大的情况下的业绩如何。

◇ 参数为 2 的 RSI 的数值大于 90 的股票的平均收益小于标准的 2 天和 1 周后的收益(分别是 0.00 和 -0.07%)。

◇ 参数为 2 的 RSI 的数值大于 95 的股票的平均收益比标准的 2 天和 1 周后的收益少,是负数(分别是 -0.03% 和 -0.07%)。

◇ 参数为 2 的 RSI 的数值大于 98 的股票的平均收益比标准的 1 天、2 天和 1 周后的收益少,是负数(分别是 -0.04%、-0.14% 和 -0.19%)。

◇ 参数为 2 的 RSI 的数值大于 99 的股票的平均收益是负数,标准的 1 天、2 天和 1 周后的收益是负数,(分别是 -0.09%、-0.23% 和 -0.29%)。

当观察这些结果的时候,请注意这些业绩是一步一步减少的,这点很重要。RSI 的数值越大,业绩越小。RSI 数值在 98 以上的股票的收益明显地比 RSI 数值在 95 以上的股票的收益少。

这意味着在做短线时,应该回避参数为 2 的 RSI 大于 90 的股票。激进的交易者应该围绕这些股票开发做空策略。

正如你看到的,参数为2、数值小于2的RSI的股票在一周后的平均收益是正数(0.79%)。参数为2、数值大于98的RSI的股票在一周后的收益是负数。要想进一步提高收益,可以在回调时买入RSI数值比较低的股票(前一章所说的内容),你可以通过结合"交易市场"网站上面的"强力评级"和参数为2的RSI来实现这点。

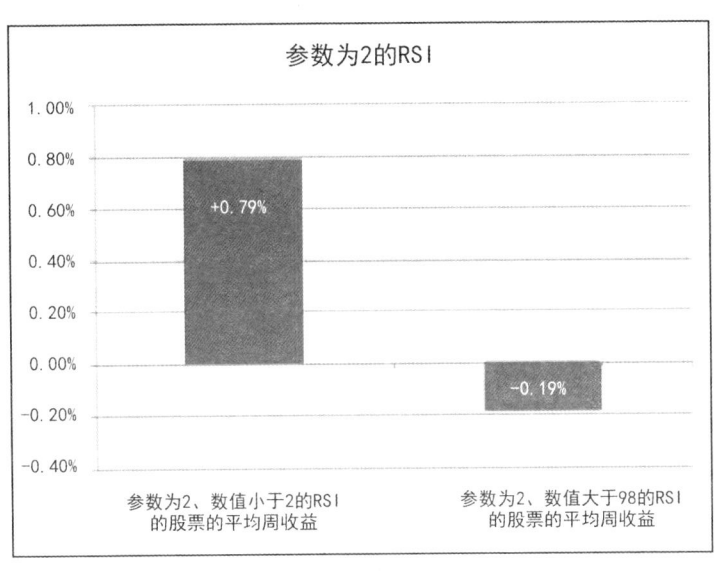

图8.1 参数为2的RSI的股票的业绩

## 例子

图8.2(下面)是一个参数为2、数值小于2的RSI

的股票的例子：

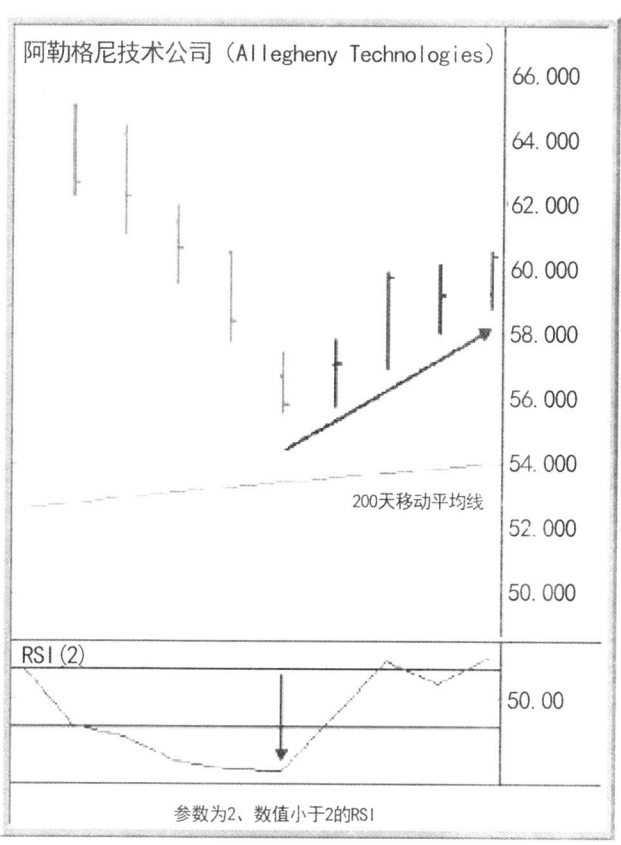

图 8.2　阿勒格尼技术（公司）

图 8.3（下面）是一个参数为 2、数值大于 98 的 RSI 的股票的例子：

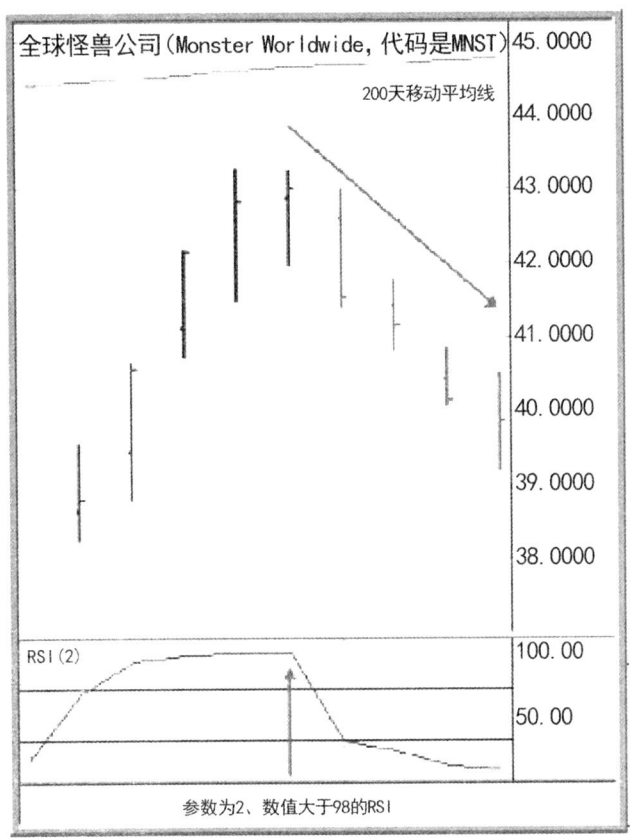

资料来源：Tradestation 科技公司的 tradestation 软件生成的图表。

**图8.3 全球怪兽公司**

只要恰当地使用，相对强弱指数是一个非常好的指标。因为我们的研究表明参数为 2 的 RSI 可以捕捉到短期内的行情，我们的研究还发现参数为 14 的 RSI 价值不大，所以我才这么说的。这说明要想正确地交易——就

# 第8章 参数为2的RSI

要根据量化研究做交易决定。这个理念能让你客观地评估一笔交易是否能提供很大的回报风险比并说明未来可能会发生什么。

"交易市场"网站会提供每天的参数为2、数值小于2的RSI的股票列表（看涨），还会提供每天的参数为2、数值大于98的股票列表（看空）。你可以在tradingmarkets.com网站找到这些股票列表。

现在，我们看看两个使用参数为2的RSI的策略。这是一个系统地使用RSI交易标准普尔500指数（代码是PSY，是迷你合约）的例子。

## 策略

### 参数为2、数值小于5的RSI，交易标准普尔500

这个策略只是一个例子，以说明如何使用参数为2的RSI。这个策略只有4条规则，这个策略在预测标准普尔500短期方向的时候有83.6%的时间都是对的。

1. 标准普尔500指数在200天移动平均线之上。
2. 参数为2的RSI收盘数值小于5。
3. 在收盘价买入标准普尔。
4. 当标准普尔收盘在5天移动平均线之上就出场。

### 1995—2007 年的结果

信号数量：49

正确百分比：83.6%

交易标准普尔赚到的总点数：522.92

平均每笔持仓时间：3 个交易日

### 以下是从 2007 年开始的连续 3 笔交易

| 市场 | 进场日期 | 进场价格 | 出场日期 | 出场价格 | 收益百分比 | 赚到的总点数 |
|---|---|---|---|---|---|---|
| 标准普尔 500 | 2007 年 06 月 07 日做多 | 1490.72 | 2007 年 06 月 13 日 | 1515.67 | 1.67% | 24.95 |
| 标准普尔 500 | 2007 年 07 月 02 日做多 | 1458.95 | 2007 年 08 月 02 日 | 1472.2 | 0.91% | 13.25 |
| 标准普尔 500 | 2007 年 10 月 19 日做多 | 1500.63 | 2007 年 10 月 25 日 | 1514.4 | 0.92% | 13.77 |

市场在猛烈下跌，RSI 的数值跌到了 5 以下，在 1490.72 买入。

收盘价大于 5 天移动平均线，收益差不多被锁定在 25 点。

第 8 章 参数为 2 的 RSI

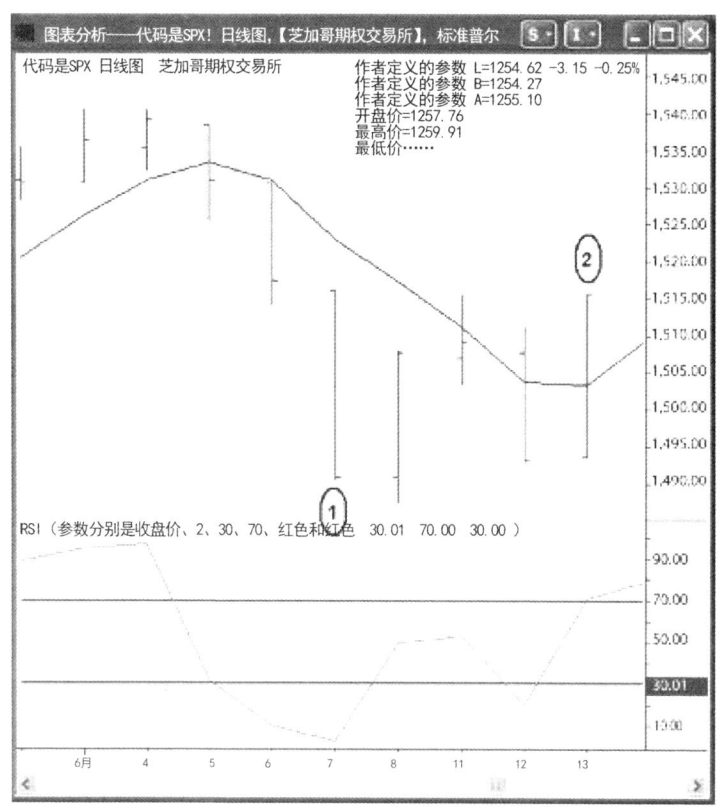

资料来源：Tradestation 科技公司的 tradestation 软件生成的图表。

图 8.4 SPX

1. 标准普尔回调了 80 多点，参数为 2 的 RSI 跌到了 5 之下，触发了买入信号。

2. 在 5 天移动平均线之上锁定 13.25 点的利润。

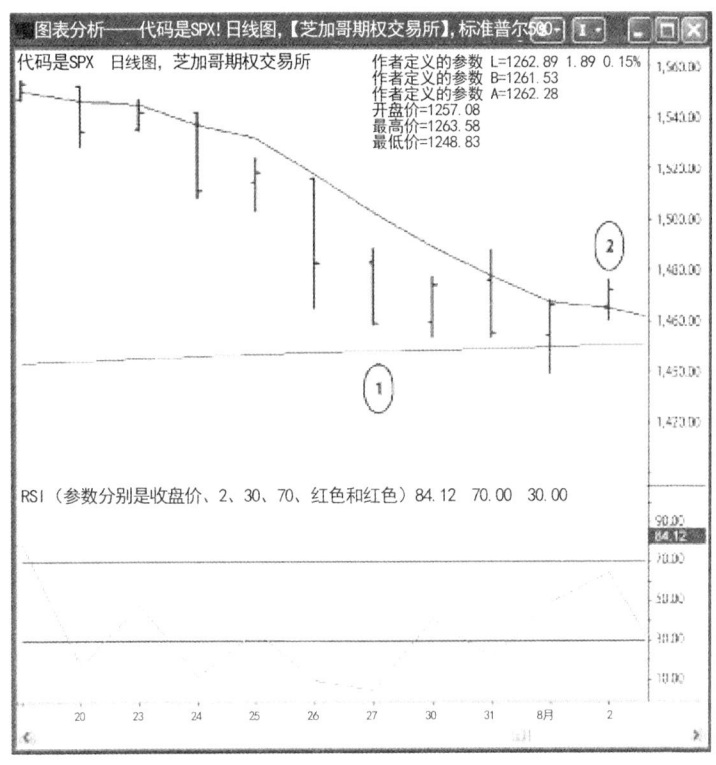

资料来源：Tradestation 科技公司的 tradestation 软件生成的图表。

图 8.5　SPX

1. 标准普尔在七天内下跌了 60 点，导致 RSI 的数值小于 5，这是信号，买入。

2. 在市场上涨四天后锁定利润。

# 第8章 参数为2的RSI

标准普尔是可以用参数为2的RSI策略交易的品种之一。在使用这几个简单的规则交易股票、交易型开放式指数基金和其他市场指数的时候都是有优势的。我想说的重点是，参数为2的RSI有很好的优势，你可以把它作为你的交易基石。

我们来看看使用参数为2的RSI的高级策略。

## 累积RSI策略

我们知道，和RSI数值特别高的股票相比，做多RSI数值特别低的股票有明显优势。根据这个信息可以开发出很多策略，我现在和你分享一个从来没有被公开过的策略。我只在波段交易大学深入讲解过这个策略，现在我愿意和你分享这个策略。

这个策略叫作累积RSI。除非你参加过我们的波段交易大学（或在本书出版后很久才阅读本书），这个策略对你来说应该是新的策略。

什么叫累积RSI？累积RSI就是参数为2的RSI每天的连续累加值，也就是说，你把过去某些天内的参数为2的RSI的数值相加，你就得到了它的累积RSI。

当我们刚开始研究这个思路的时候，我们对结果感到很吃惊。当我们深入研究时，我们发现结果比我们想象的还要有活力。我们测试了美国的指数、交易型开放式指数基金、全世界的指数、美国的股票、国际上的股票，10多年的数据都产生了正收益。

我们测试了多个累积 RSI 数值和多个出场方式，结果都是有活力的。我认为累积 RSI 很特别，你可以在交易的很多方面采用它。

**累积 RSI 策略的规则**

1. 证券在 200 天移动平均线之上。

2. 使用参数为 2 的 RSI。

3. 得到过去 X 天内的参数为 2 的 RSI 的数值并加总。

4. 如果累积 RSI 小于 Y，那么就买入（我们会告诉你使用不同的 X 和 Y 的结果）。

5. 如果参数为 2 的 RSI 的收盘数值大于 65，那么就出场（你也可以使用后面出场一章的任意出场策略出场）。

我们先来看看结果，然后再看看一些图表例子。

我们用 SPY 从 1993 年 1 月中旬到 2007 年 12 月 31 日（差不多 15 年）的数据做测试。把两天的 RSI 数值相加（意味着上面规则中的 X = 2），然后要求累加 RSI 必须小于 35（上面规则中的 Y = 35），结果如下：

总信号数：50

信号正确百分比：88%

交易 SPY 赚到的总点数：65.53 点

平均每笔交易的收益：1.26%

## 第 8 章 参数为 2 的 RSI

平均每笔交易的持仓时间：3.7 个交易日

如果我们放宽参数的大小范围以增加交易笔数，不知结果如何，我们一起来看看。无论你采用哪个参数，收益都会下降（有时候很明显），这时你会发现这个方法很有活力。

我们还是使用 2 天累积 RSI 的总和。但是我们把 Y 改成 50，这意味着 2 天总和只加到 50。结果如下：

总信号数：105

信号正确百分比：85.47%

交易 SPY 赚的总点数：105.95

平均每笔交易的收益：1.05%

平均每笔交易的持仓时间：3.57 个交易日

通过适当放宽参数的范围，我们的交易笔数增加了，SPY 的赢利点数也增加了。实际上，在市时间只有 15 年的 20%，收益却接近于 15 年的收益。85.47%的时间是正确的。

有趣的是，当我们测试美国指数、交易型开放式指数基金和十多个全世界的指数（有些数据回溯到 80 年代）时，我们都看到了持续一致的很高的收益。我们使用 2 天参数为 2 的 RSI，当累积 RSI 的数值小于 40 时进场，大部分指数和交易型开放式指数基金在 75%的时间里都是正确的。

让我们一起来看看几个累积 RSI 的图表。

1. 过去两天 RSI 的总和小于 50,你可以看到出现了恐慌。

2. RSI 收盘数值大于 65,捕捉到了 SPY 两个交易日内的上涨行情。

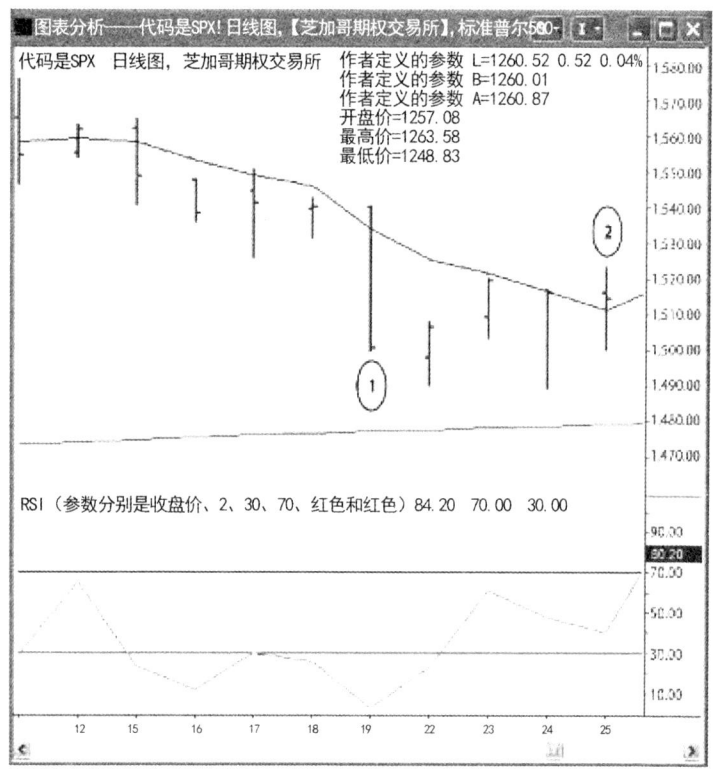

资料来源:Tradestation 科技公司的 tradestation 软件生成的图表。

图 8.6　SPX

## 第 8 章 参数为 2 的 RSI

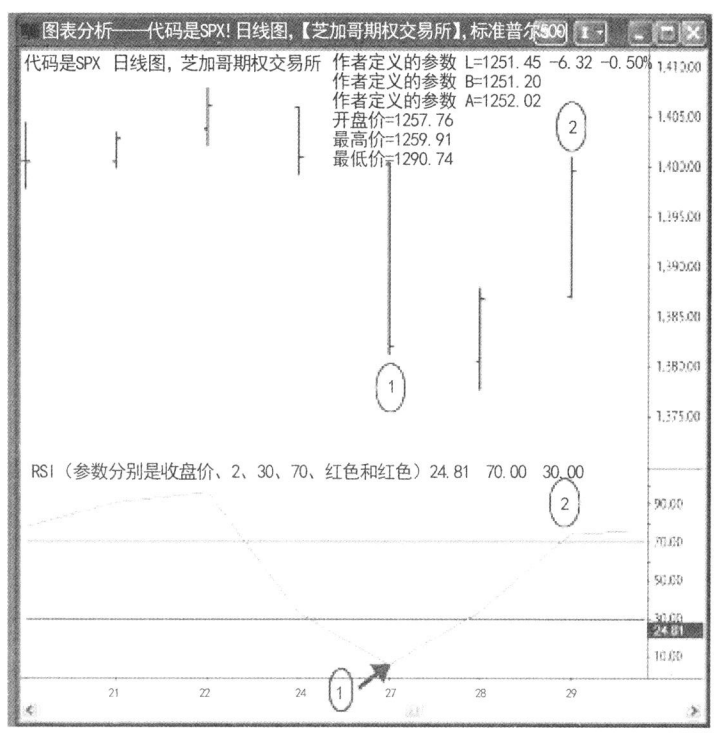

Tradestation 科技公司的 tradestation 软件生成的图表。

图 8.7 SPX

1. SPY 的 2 天累积 RSI 小于 50,触发了买入信号。
2. 市场上涨了 20 多点,我们出场。

**针对股票的累积 RSI 策略**

相对于指数和交易型开放式指数基金而言,股票的风险多点。指数和交易型开放式指数基金不会跌到 0，股票有时候会跌到 0。因此为了抵消上市公司的风险，你要减小累积 RSI 的数值。

我们从 1995 年开始分析股票（对于美国股票，我们采用这个标准的开始日期），股票要满足以下条件：累积 RSI 小于 10，平均每天成交量是 25 万股，股价在 5 美元以上。一共做了 77068 笔测试交易，其中 69% 的交易都是在 2 天 RSI 大于 65 的时候出场的，都是赚钱的。在持仓时期相同的前提下，这些股票的平均收益是所有股票收益的 4 倍。

**总结**

参数为 2 的 RSI 是振荡指标中的圣杯吗？

我认为差不多就是圣杯了。它能很好地确认短期的超买和超卖状况，它可以用在很多方面，包括本章所说的方法。

我们都知道天下并没有完美的交易指标，我们测试了很多指标，也在使用一些指标，我们发现在确认市场波段方面，参数为 2 的 RSI 是最好的指标。我强烈建议你在交易股票、交易型开放式指数基金和指数的时候考虑使用这个指标。

# 第 9 章 双七策略

"路程是 30 分钟……我 10 分钟就能到那里。"

——电影《低俗小说》中的温斯顿·沃尔夫的台词

一个只有三条规则的策略是否能做到从 1995 年开始，有 80% 的时间都能正确地预测市场方向？

在《市场是如何运作的》一书和本书中，我说明了市场在回调时（买入）的业绩比在突破时（买入）的业绩大。我测试了几千只股票过去 13 年的历史数据，做了几十万笔模拟交易，结果证明了这点。

我有很多方法可以说明这个理念，不过在这里，我只和你分享一个简单的策略。这个策略的名字叫双七策略，这个策略只有三条规则，规则如下：

1. SPY 在 200 天移动平均线之上。
2. 如果 SPY 收盘在 7 天最低价，买入。
3. 如果 SPY 收盘在 7 天最高价，卖出多头仓位。

也许你会表示怀疑,就这么简单吗?

我们过去也表示过怀疑。

以下是从 1993 年开始的数据的测试结果。

| 代码 | 开始日期 | 交易笔数 | 平均利润/亏损百分比 | 正确百分比 | 净点数 |
|------|----------|----------|---------------------|------------|--------|
| SPY | 1993 年 1 月 29 日 | 153 | 0.85% | 80.4% | 122.36 |

1. 7 天收盘最低价——买入。

2. 7 天收盘最高价——卖出。

双七策略从 1993 年的数据开始,在市时间不到 25%,收益是 100%。这就是双七策略的大致情况。我们再深入研究:测试纳斯达克的结果也差不多,以下是结果。

| 代码 | 开始日期 | 交易笔数 | 平均利润/亏损百分比 | 正确百分比 | 净点数 |
|------|----------|----------|---------------------|------------|--------|
| QQQQ | 1999 年 3 月 10 日 | 68 | 0.93% | 79.4% | 31.30 |

第9章 双七策略

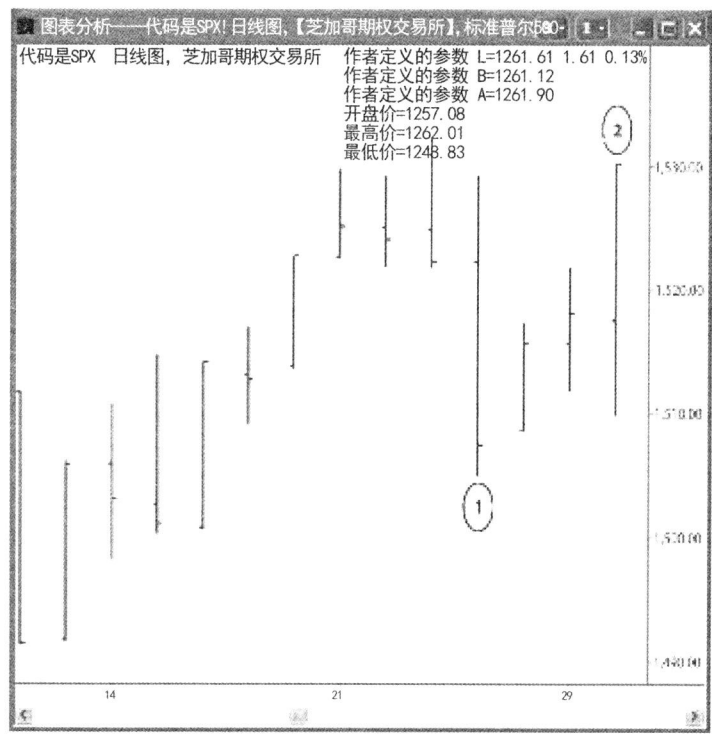

资料来源：Tradestation 科技公司的 tradestation 软件生成的图表。

图 9.1 SPY

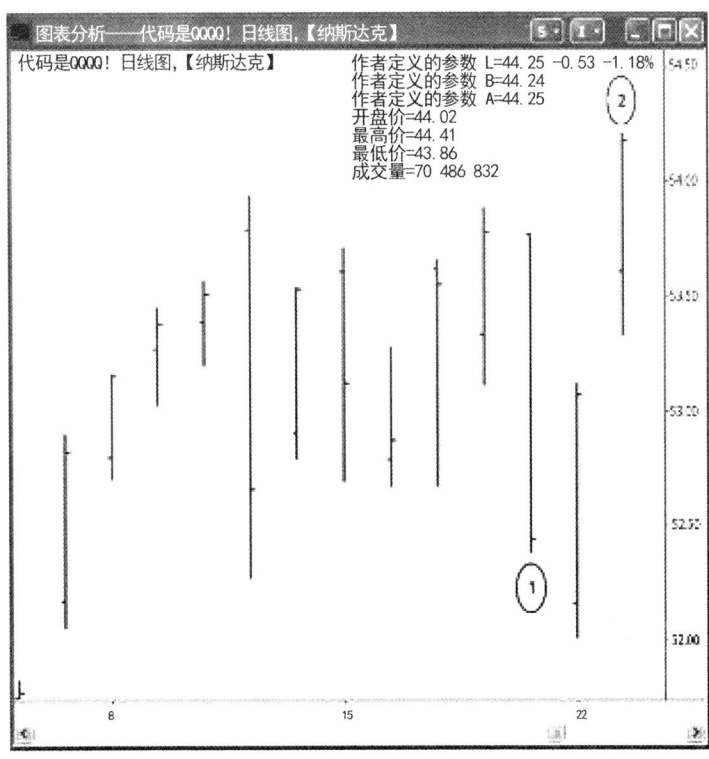

资料来源：Tradestation 科技公司的 tradestation 软件生成的图表。

**图 9.2　QQQQ**

1. 7 天收盘最低价——买入。
2. 7 天收盘最高价——卖出。

我们也可以用双七策略交易其他国家的品种。以下是交易中国品种 FXI 的结果，测试时间是从上市时间到

2007年底。

**中国（富时新华指数基金，代码是 FXI）**

| 代码 | 开始日期 | 交易笔数 | 平均利润/亏损百分比 | 正确百分比 | 净点数 |
|---|---|---|---|---|---|
| 富时新华指数基金 | 2004年10月08日 | 26 | 1.41% | 76.9% | 33.20 |

以下是巴西的 EWZ 的测试结果，测试时间是从品种上市到 2007 年底。

**巴西（EWZ）**

| 代码 | 开始日期 | 交易笔数 | 平均利润/亏损百分比 | 正确百分比 | 净点数 |
|---|---|---|---|---|---|
| EWZ | 2000年7月14日 | 63 | 1.82% | 81.0% | 52.75 |

你还可以把这个思路改成双五、双六、双八、双九和双十，在模拟测试的时候都是赚钱的。测试 2008 年大部分交易型开放式指数基金的结果也是赚钱的。

如果一个交易策略的规则很多，我就会特别特别小心（你也要做到这点）。

300多年前西班牙的哲学家巴尔塔沙·格拉西安说："越简单越好"。对于交易策略（包括生活中的其他事物），这是明智的说法。

你可以在 tradingmarkets.com 网站上找到我的每天战斗计划交易服务，我每天都会列出符合双七策略的品种。

# 第 10 章 月底策略

股票在月底有上涨的倾向吗?看起来似乎如此。

我在本书前面提到了凯文·汉格迪,他在1999年和我谈到了市场的这个行为,从而引起了我的注意。凯文曾经有七年的时间负责富达资金市场公司的交易,当他谈论市场行为的时候,我一般都会洗耳恭听。

也许你也听说过"月底"的概念,每到月底,因为基金经理预期401K计划的资金和退休金会进入市场,所以基金经理会蜂拥买入股票。因此,我们决定看看统计结果是否支持这个思路,如果是支持的,我们如何从市场行为中获利?

我们分析了从1995年1月到2007年12月的800万笔交易,重点分析月底的市场行为,"如果我们今天买入所有的股票,五个交易日后会如何?"对于满足以下条件的所有股票,我们测试了每个月中每一天(买入后)的结果:股票在上涨趋势中,也就是股价在200天移动平均线之上,且平均日成交量至少是 25 万股。

我们有以下发现:

从 1995 年 1 月到 2007 年 12 月,对于在 200 天移动平均线以上的股票,任意一笔交易(也就是随机买入股票并持有五天)的平均收益是 0.25%。以下加粗的字体表明是双倍收益。

### 表 1:每月的日子

| 日 | 交易笔数 | 收益/亏损 | 增加百分比 |
|---|---|---|---|
| **1** | **160924** | **0.57%** | **52.67%** |
| 2 | 171195 | 0.15% | 49.92% |
| 3 | 174833 | -0.04% | 48.44% |
| 4 | 154388 | -0.28% | 44.87% |
| 5 | 175793 | -0.31% | 47.09% |
| 6 | 176675 | -0.26% | 46.55% |
| 7 | 177402 | -0.29% | 47.82% |
| 8 | 179729 | -0.18% | 48.98% |
| 9 | 176334 | 0.34% | 53.54% |
| 10 | 175869 | 0.19% | 53.18% |
| 11 | 170399 | 0.21% | 51.47% |
| 12 | 178502 | 0.04% | 48.71% |
| 13 | 176973 | 0.15% | 51.20% |
| 14 | 170529 | 0.25% | 51.03% |
| 15 | 173155 | 0.27% | 50.14% |
| 16 | 173030 | 0.08% | 48.65% |

续表

| 日 | 交易笔数 | 收益/亏损 | 赢利百分比 |
|---|---|---|---|
| 17 | 171703 | -0.08% | 47.89% |
| 18 | 168970 | 0.14% | 49.67% |
| 19 | 168807 | 0.21% | 51.48% |
| 20 | 175043 | 0.04% | 49.74% |
| 21 | 169534 | 0.02% | 49.20% |
| 22 | 174451 | 0.36% | 52.17% |
| 23 | 173305 | 0.45% | 53.61% |
| 24 | 169917 | 0.84% | 57.94% |
| 25 | **150251** | **1.23%** | **61.03%** |
| 26 | **171468** | **0.81%** | **57.32%** |
| 27 | **170899** | **0.79%** | **57.56%** |
| 28 | **168296** | **0.69%** | **56.52%** |
| 29 | **159963** | **0.69%** | **56.83%** |
| 30 | **159260** | **0.79%** | **56.05%** |
| 31 | **102070** | **0.18%** | **49.51%** |
| 总和 | 5219667 | 0.25% | 51.60% |

我们来看看接近月底时会发生什么。平均收益明显增加了。在23号这些股票的平均收益接近翻倍了；在24号收益涨了2倍；在25号收益涨了4倍！这种行为又持续了5个交易日。

我们再来看看在月初会如何。虽然股价在过去13年都是强势上涨的，但是平均而言从3号到8号（买入）

股票是亏钱的。钱花了就花了，看样子基金经理是在月底前花钱投资的。

我们再深入研究一下，看看更令人吃惊的结果。我们看看股票在前一天下跌之后会如何，这些股票在月底的收益会更多。

表2：一个或多个下跌收盘

| 日 | 交易笔数 | 收益/亏损 | 赢利百分比 |
|---|---|---|---|
| 1 | **62001** | **0.58%** | **53.39%** |
| 2 | 71315 | -0.05% | 49.14% |
| 3 | 80794 | -0.06% | 49.08% |
| 4 | 63951 | -0.22% | 45.45% |
| 5 | 81091 | -0.31% | 47.38% |
| 6 | 77488 | -0.27% | 46.31% |
| 7 | 88388 | -0.19% | 49.16% |
| 8 | 83481 | -0.21% | 48.33% |
| 9 | 84447 | 0.41% | 54.86% |
| 10 | 85684 | 0.02% | 52.94% |
| 11 | 77818 | 0.25% | 52.53% |
| 12 | 78258 | 0.17% | 50.11% |
| 13 | 82581 | 0.06% | 50.91% |
| 14 | 74658 | 0.26% | 51.09% |
| 15 | 80094 | 0.38% | 51.04% |
| 16 | 72976 | 0.19% | 49.92% |
| 17 | 79395 | 0.04% | 49.43% |

续表

| 日 | 交易笔数 | 收益/亏损 | 赢利百分比 |
| --- | --- | --- | --- |
| 18 | 77322 | 0.20% | 50.82% |
| 19 | 77293 | 0.40% | 53.35% |
| 20 | 83511 | 0.22% | 51.13% |
| 21 | 75545 | 0.13% | 50.87% |
| 22 | **81961** | **0.52%** | **54.10%** |
| 23 | 81535 | 0.47% | 53.75% |
| 24 | **80172** | **0.89%** | **58.34%** |
| 25 | **63594** | **1.42%** | **62.77%** |
| 26 | **73753** | **0.99%** | **58.76%** |
| 27 | **82302** | **0.94%** | **58.78%** |
| 28 | **73175** | **0.82%** | **58.08%** |
| 29 | 64431 | 0.55% | 56.13% |
| 30 | 69561 | 1.18% | 59.52% |
| 31 | 39607 | 0.68% | 52.23% |
| 总和 | 2348182 | 0.32% | 52.49% |

如果股票连续两天下跌，收益超多。

如果股票在25日，26日连续两天下跌，那么在随后五个交易日的平均收益会多1.2%。如果年化收益率有这么多，很明显你可以靠这些收益过上好日子了。

### 表3：两个或更多的下跌收盘

| 日 | 交易笔数 | 收益/亏损 | 赢利百分比 |
|---|---|---|---|
| 1 | **22509** | **0.93%** | **55.89%** |
| 2 | 27286 | 0.23% | 51.90% |
| 3 | 33791 | −0.25% | 47.55% |
| 4 | 30109 | −0.09% | 46.72% |
| 5 | 35828 | −0.08% | 49.24% |
| 6 | 34876 | −0.37% | 45.40% |
| 7 | 38218 | 0.06% | 51.48% |
| 8 | 38931 | −0.01% | 50.62% |
| 9 | 36970 | 0.40% | 54.16% |
| 10 | 42170 | 0.29% | 54.55% |
| 11 | 37455 | 0.09% | 51.73% |
| 12 | 36221 | 0.29% | 51.43% |
| 13 | 36352 | 0.20% | 51.75% |
| 14 | 35354 | 0.33% | 51.49% |
| 15 | **34507** | **0.58%** | **52.40%** |
| 16 | 32041 | 0.34% | 50.51% |
| 17 | 33764 | 0.28% | 50.79% |
| 18 | **35202** | **0.50%** | **54.07%** |
| 19 | **35334** | **0.57%** | **54.84%** |
| 20 | 35554 | 0.36% | 52.10% |
| 21 | 34163 | 0.33% | 51.65% |
| 22 | **37596** | **0.77%** | **55.58%** |
| 23 | **37166** | **0.81%** | **56.55%** |
| 24 | **36939** | **1.09%** | **59.65%** |

续表

| 日 | 交易笔数 | 收益/亏损 | 赢利百分比 |
|---|---|---|---|
| 25 | 31195 | 1.53% | 63.53% |
| 26 | 32375 | 1.22% | 60.65% |
| 27 | 35606 | 1.11% | 59.63% |
| 28 | 33180 | 0.97% | 59.00% |
| 29 | 27799 | 0.63% | 56.66% |
| 30 | 28042 | 1.24% | 59.16% |
| 31 | 15973 | 1.16% | 54.11% |
| 总和 | 1042506 | 0.47% | 53.62% |

我们能看出，在过去13年中，股票在月底表现比在其他日子强。股票在接近月底时下跌一两天（买入后）的业绩比平均业绩高。基金经理喜欢在接近月底的时候买入，他们似乎更喜欢买入便宜的股票。

我们还可以继续深入研究下去。你可以从多方面做研究，比如在研究每月中所有日子的同时考虑以下因素：下跌的幅度、交易型开放式指数基金、做空、配对交易、当天的下跌和交易市场强力评级。

# 第11章　预测市场的五个策略

我在1995年第一次公布了一个预测标准普尔的策略，这个策略力求"走在曲线前面"，我用VIX这个指标来预测标准普尔。现在VIX已经很普及了，但是在1995年，据我所知只有少数几个人知道这个指标，我只能通过彭博社能找到VIX数据（请记住，当时互联网还不是主流）。我在当时本可以公布很多策略，但是我只公布新的策略。好消息是，我是首批（可能是第一个）向人们传授用VIX预测市场的人之一；坏消息是，当时我的研究结果是错的。

幸运的是，我很快就知道自己错了。我当初以为VIX是静态指标，当VIX大于13时，我就买入；当VIX小于9时，我就卖出。

我得到的第一个教训是——VIX不是静态指标。真想不到，13年后的作者和出版社（包括2008年7月的《华尔街日表》）竟然还认为VIX是静态指标。

随着VIX在90年代的兴起，交易者们制定了规则以调整静态数字。我看到著名的交易者和基金经理发布了自己的研究，他们认为无论何时只要VIX到了30，就以市价买入，只要VIX小于20就以市价做空，我认为这可能是最大的错误之一。因为在过去几年内这个策略在100%的时间里都是正确的，所以这个策略在互联网上很流行。不幸的是样本太小了，但是没人关心这个问题。在2003年之前这个策略很完美，当VIX在2003年跌到了20以下时，差不多随后五年都小于20。如果投资者在1000（点）左右做空了标准普尔，他会被一天又一天地折磨并最终亏损500点（相当于一份迷你合约亏损了2.5万美元）。真不知该说什么好。

我花了一年时间像当初一样研究VIX，我发现VIX是一个动力指标。实际上，并非所有的波动性指标都是动力指标。这是什么意思？意思是说波动性总是在调整。如果说波动性一直在调整，那么你的波动性指标也是一直在调整（事后很多基金经理和银行的交易员才发现他们应该在2007年夏季运用这个知识）。

我们现在来看看两个VIX预测策略，还有三个策略你可以直接拿来做交易。这些研究的测试时期都是从1995年到2007年，平均而言，五个做多信号里面有四个做多信号是正确的。

## 第11章 预测市场的五个策略

## 一、VIX 延伸策略

我们要分析的第一个策略叫 VIX 延伸。我们在之前谈到了 VIX5% 规则，也就是说当 VIX 在 10 天移动平均线上面和下面时市场的行为是不同的。当 VIX 在 10 天移动均线之上时，通常市场是下跌的、紧张的。VIX 在 10 的天移动均线之上的时间越长，延伸的幅度越大，市场就越有可能尽快上涨。

现在我们把这些知识放到系统性的策略中：

1. SPY 在 200 天移动平均线之上（你也可以使用 SPX）。

2. VIX 至少 3 天在 10 天移动平均线之上 5% 或大于 50%，如果是这样的话，我们在收盘时以市价买入。

3. 当 SPY 收盘时参数为 2 的 RSI 是 65 或更大时，就出场。

### 结果

交易笔数：33

正确百分比：84.85%

交易 SPX（译者注：应该是 SPY）赚到的点数：363.90

平均持仓时间：小于五天

平均每笔交易的利润和正确百分比数字比较高。虽然交易数字比较低，我仍然鼓励你自己做研究并随之成长。你可以研究不同的延伸幅度数字，研究 VIX 在 10 天均线之上的不同长短时间的结果。对于本书中的大部分策略，研究结果都是很有活力的，如果你接受了这个思路并深入研究，你会感到惊喜的。

现在来看一个例子。

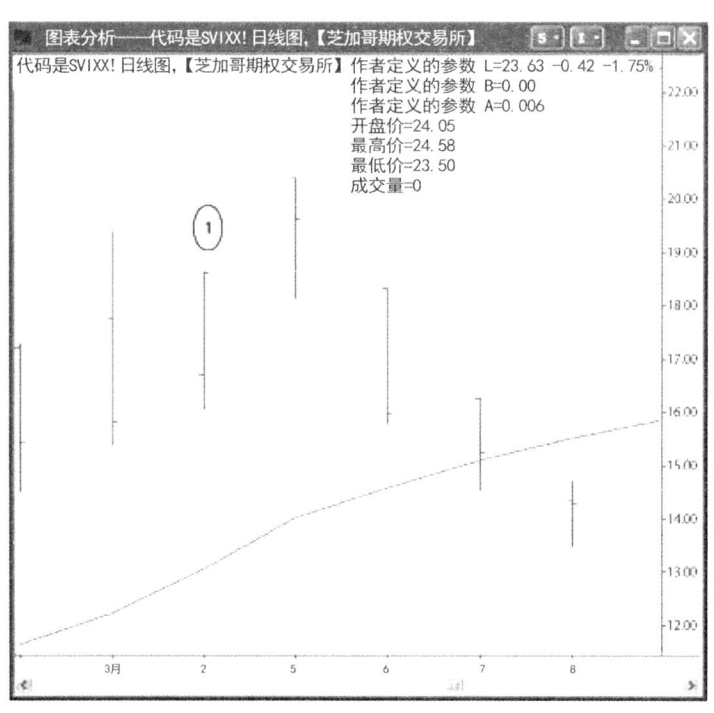

资料来源：Tradestation 科技公司的 tradestation 软件生成的图表。

**图 11.1　VIV. X**

# 第 11 章 预测市场的五个策略

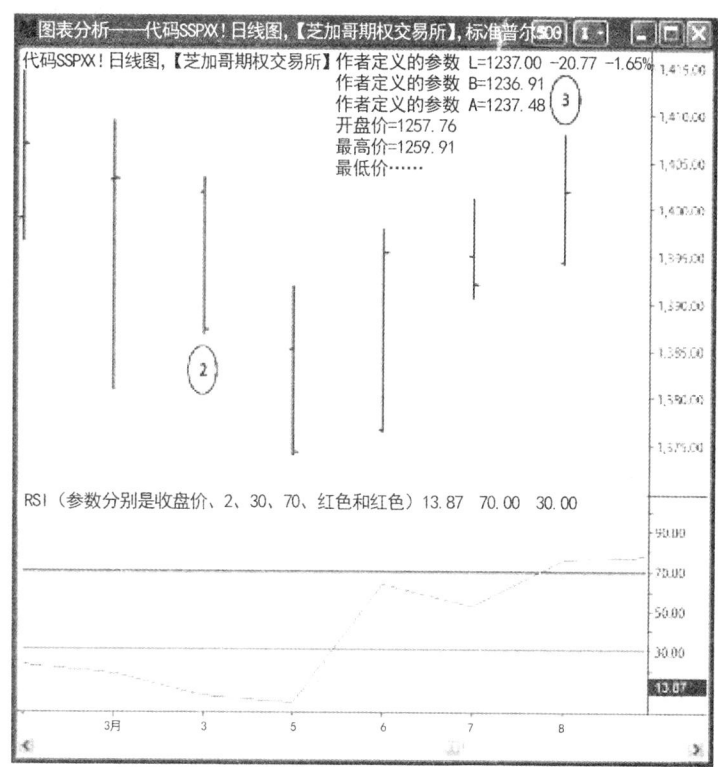

资料来源：Tradestation 科技公司的 tradestation 软件生成的图表。

图 11.2 SPX

1. 以市价买入。

2. 当参数为 2 的 RSI 收盘数值大于 65 时出场。

## 二、VIX RSI 策略

我们在前面讲过，在交易股票、指数和交易型开放式指数基金的时候，参数为 2 的 RSI 是非常好的指标。你会看到 VIX 在预测市场方面也有同样的效果。首先，请看相关的规则，然后我们看一些案例的实际收益。你会看到，在平均一笔交易持仓一周的情况下，这个策略的 92 个信号能捕捉到标准普尔的 879 点利润。

以下是规则：

1. SPY 在 200 天移动平均线之上。因为 SPY 比指数要有活力，所以我喜欢用 SPY 预测市场的信号。如果你想用简单的方法，你可以使用 SPX，测试结果基本上一样。

2. VIX 的参数为 2 的 RSI 大于 90。这就告诉我们 VIX 过分延伸了（当标准普尔期权的隐含波动性增大时，也许市场已经感到恐慌了），可能要反转（常常意味着市场要上涨）。

3. 今天的 VIX 开盘数值大于昨天的收盘数值，这表明在开盘时市场更加恐慌。

4. SPY 的参数为 2 的 RSI 小于 30，进一步告诉我们股票很弱，市场是超卖的。

5. 在收盘价买入。

6. 当 SPY 的参数为 2 的 RSI 收盘数值大于 65 时出场。

# 第11章 预测市场的五个策略

## 结果

交易笔数：92

正确百分比：79.35%

交易 SPX（译者注：应该是 SPY）赚到的点数：879.46

平均持仓时间：不到五天。

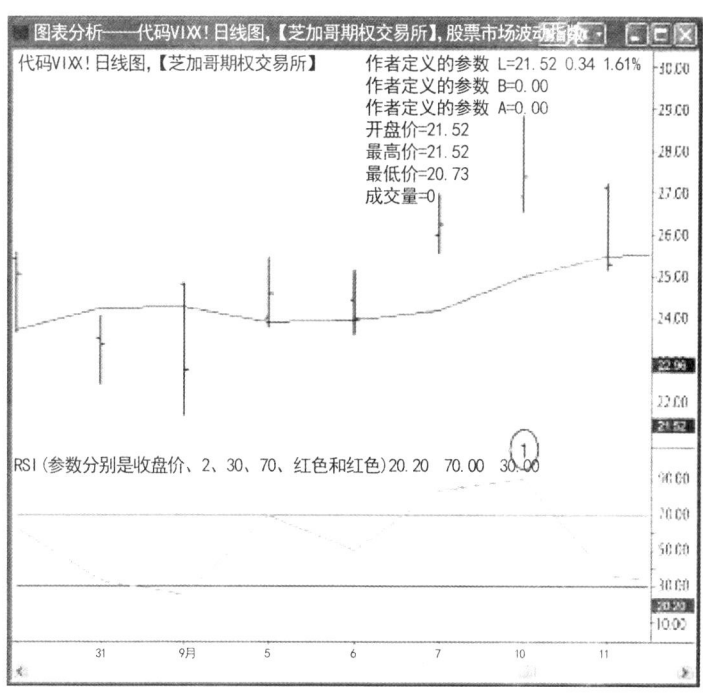

资料来源：Tradestation 科技公司的 tradestation 软件生成的图表。

图 11.3 VIX

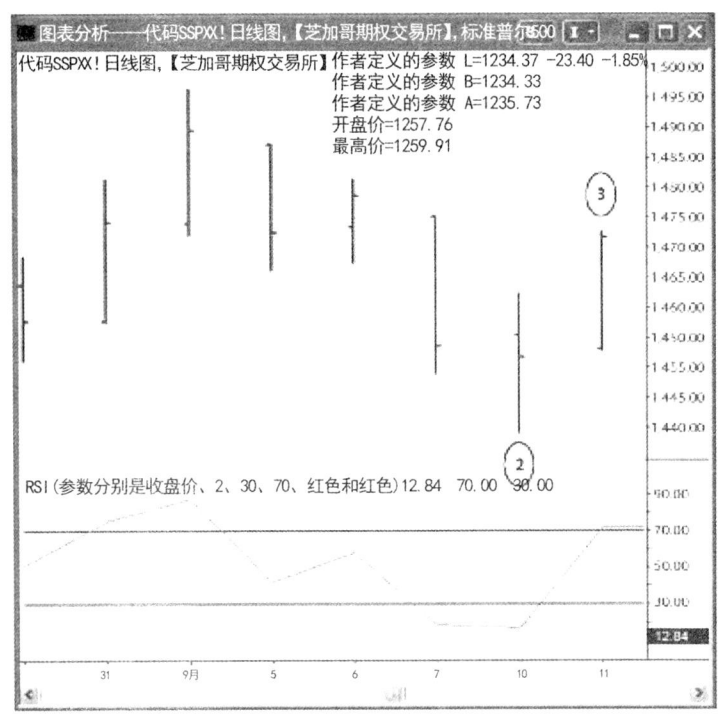

资料来源：Tradestation 科技公司的 tradestation 软件生成的图表。

图 11.4　SPX

1. VIX 的参数为 2 的 RSI 大于 90。

2. 在收盘时以市价买入。

3. 当 SPX 的参数为 2 的 RSI 收盘数值大于 65 时锁定收益。

你可以结合 VIX 使用很多策略做交易。关键是要记住，VIX 要离最近的价位很远，这样才能找到低风险、高回报的进场机会。

## 三、The TRIN[①]

理查德·阿姆斯在几十年前发明了阿姆斯指数，最后它的名字变成了 TRIN。现在美国的专业交易者很喜欢用这个指标。有趣的是，只有少数人知道如何用 TRIN 做量化分析。无数书籍和文章都谈到这个指标，但是只有少数人知道它是否真的能预测市场。

好消息是 TRIN 确实能预测市场。我们找到了几个使用 TRIN 做预测的方法，统计结果能够证明这些方法是有用的，我将和你分享其中一个。

首先，为了保证大家的起点一样，我们先看看 TRIN 的定义和公式。TRIN 会用到纽约证券交易所的上涨的股票（数量）、下跌的股票（数量）、上涨成交量和下跌成交量。

公式如下：

$$\frac{上涨的股票（数量）/下跌的股票（数量）}{上涨的成交量/下跌的成交量}$$

---

① 也叫阿姆斯指数或交易指数

TRIN 的平衡点是 1.0。当市场下跌时，数值会大于 1.0；当市场上涨时，数值会小于 1.0。数值大于 1.0 就会导致市场是超卖的，可能会反转；数值小于 1.0 通常伴随着超买的市场，可能会反转。

以下是一个系统地使用 TRIN 的方法，长期收益不错。

### TRIN 策略

1. SPY 在 200 天均线之上。

2. 参数为 2 的 RSI 小于 50，表明市场至少是有点超卖的。

3. TRIN 连续三天的收盘数值大于 1.20，当满足这三条规则时，在收盘价买入。

4. 当 SPY 的参数为 2 的 RSI 大于 65 时出场。

没错，一共四条规则，规则三是关键规则。我们看看从 1995 年到 2007 年的测试结果：

交易笔数：90

交易标准普尔赚到的点数：558.30

正确百分比：75.56%

平均持仓时间：不到四个交易日

这四个规则每年都能持续一致地赚钱，只有 2002 年是亏损的（交易标准普尔亏损了 5.11 点）。因为 200 天移动平均线规则能让我们在市场下跌的大部分时间里持币，2000 年到 2002 年是历史上最差的熊市之一，所以在此期间这条规则能让我们交易 SPX 赚到 40 点收益。

以下是一个例子。

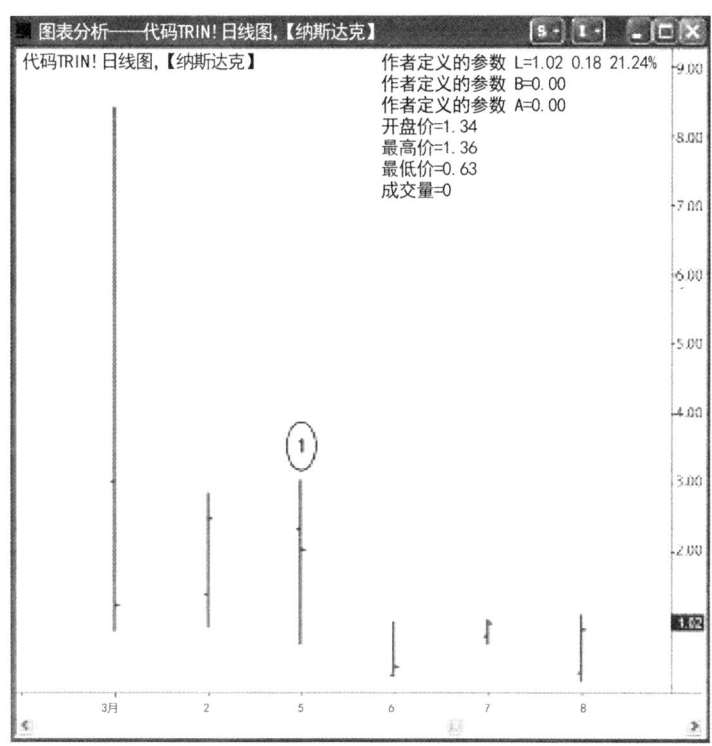

资料来源 Tradestation 科技公司的 tradestation 软件生成的图表。

图 11.5　TRIN

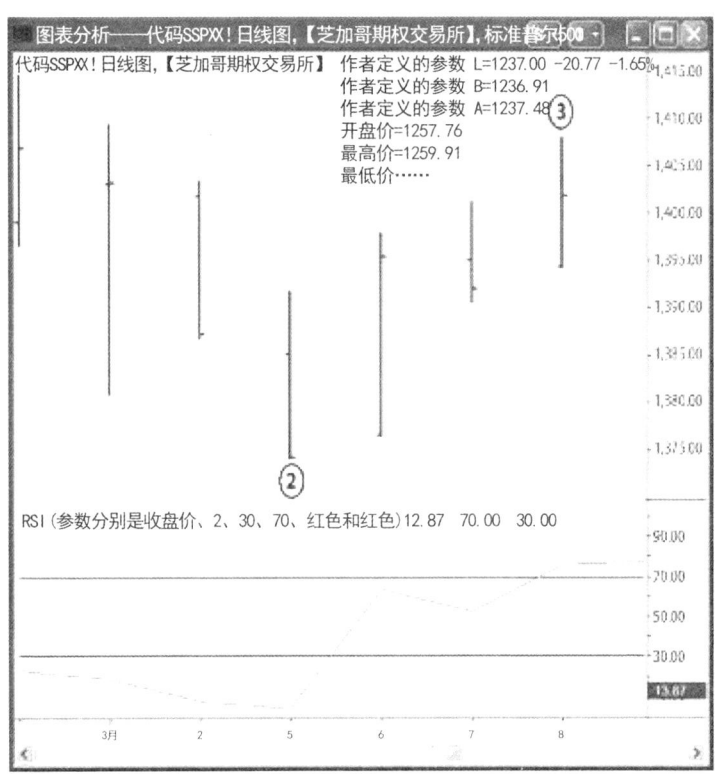

资料来源：Tradestation 科技公司的 tradestation 软件生成的图表。

图 11.6　SPX. X

1. 连续三天 TRIN 收盘数值大于 1.0。
2. 在收盘时以市价买入。
3. 标准普尔在三天内上涨了 25 点。

我和你分享这个策略是有几个原因的。第一，确实可以这样交易；第二，可以扩大你关于 TRIN 的思路。

根据日线图交易时，不能把 TRIN 当做唯一的指标。TRIN 在特定的市场极端价格确实有优势。就像前面讲的一样，顺势交易、等待 TRIN 持续高位的时候、在恰当的时机出场，这样 TRIN 就能成为很好的预测指标。

我们再来看看另外一个预测策略，这个策略会用到 SPX 的参数为 2 的 RSI。

## 四、使用累积 RSI 预测市场的又一个策略

我们在前面的章节中学习了累积 RSI 策略。正如我们所看到的，累积 RSI 的数值越低，它的历史优势就越大。为什么会这样？因为多天出现比较低的 RSI 数值，尤其是当价格在 200 天均线之上时，表明市场在洗盘。时间一次又一次地说明了洗盘后的市场会出现很大的优势。

对于标准普尔，我们换一个稍微不同的累积 RSI

参数。这次我们使用 3 天累积 RSI，把 45 作为总数值。我们知道，累积 RSI 有活力，有很多综合使用的方法。

以下是规则：

1. SPY 的收盘价在 200 天简单移动平均线之上。

2. 如果过去 3 天参数为 2 的 RSI 的总和小于 45（越小越好），在收盘价买入。

3. 当参数为 2 的 RSI 收盘数值大于 65 时出场。

这是一个非常简单、持续一致的策略。

### 结果

交易笔数：78

正确百分比：79.49%

交易标准普尔赚到的总点数：779.51

平均持仓时间：不到五天。

## 第 11 章 预测市场的五个策略

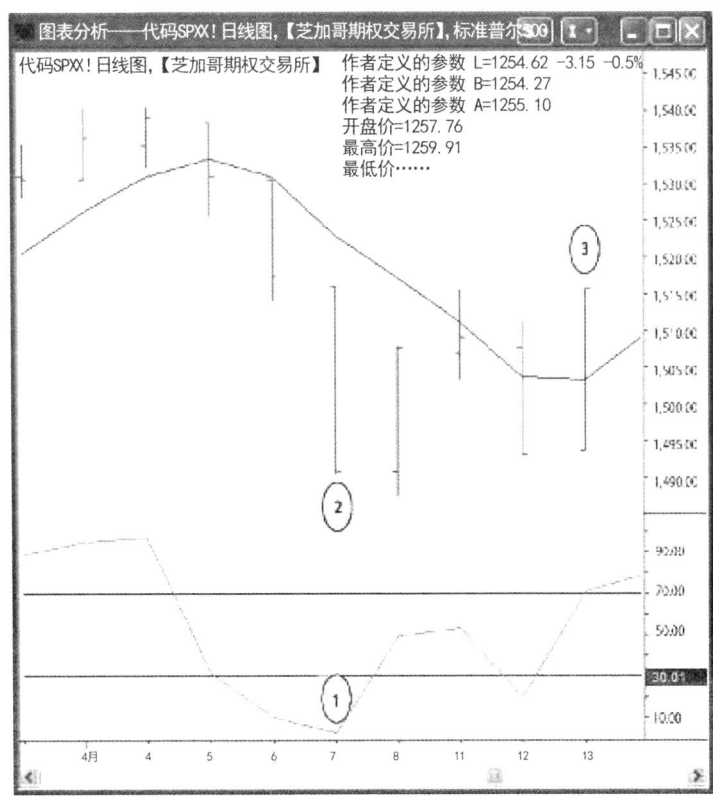

资料来源：Tradestation 科技公司的 tradestation 软件生成的图表。

图 11.7 SPX

1. 3 天累积 RSI 数值小于 45。
2. 在收盘价买入。
3. 在四个交易日内的收益是 20 点。

累积 RSI 的应用方法有无数种，你可以结合本研究结果并用很多种方法使用它。

我们再来看一个做空标准普尔获利的策略

## 五、做空——标准普尔做空策略

从 1995 年开始，股价倾向于强烈上涨。但是，当市场低于 200 天移动平均线时，会出现很多极好的做空机会。我们从本书中可以看到，当一只股票在 200 天均线上面时最好是做多这只股票。对于股市指数，指数在 200 天均线下面时最好做空它。

标准普尔做空策略是一个简单的策略。和我们在本书中谈到的很多策略一样，这个策略应用了均值回归，出场方法有活力。以下是规则：

1. SPY（或 SPX）在 200 天均线之下。
2. 市场至少连续 4 天收盘价是上涨的。
3. 在收盘价卖出。
4. 当 SPY 的收盘价低于 5 天移动平均线时回补空头仓位。

### 结果

交易笔数：16

正确百分比：68.75%

## 第 11 章 预测市场的五个策略

交易标准普尔赚的总点数：169.91

平均持仓时间：不到五天。

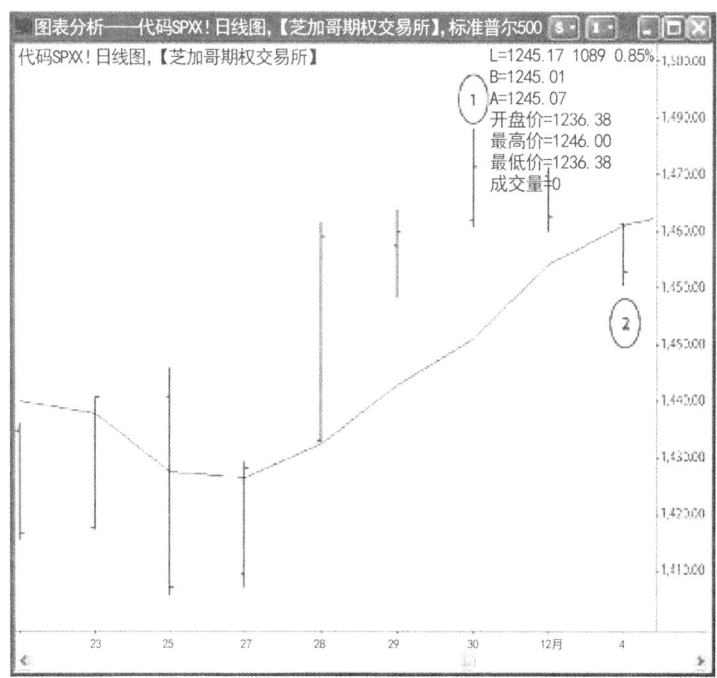

资料来源 Tradestation 科技公司的 tradestation 软件生成的图表。

图 11.8　SPX

1. 市场从低点开始连续猛涨了四天，我们在收盘时卖出。

2. 市场在两天内下跌了 20 点，市场跌到了 5 天均线之下——在下跌时锁定收益。

从1995年开始，市场大部分时间在200天均线之上，因此很少有机会做空。但是，你从这个策略可以看出，在熊市中是可以赚钱的。这个策略可以用来交易指数和交易型开放式指数基金，当市场在200天移动平均线之下时，交易笔数会多点。

**总结**

你现在已经掌握了五个预测市场的策略，这五个策略使用了四个不同的指标——VIX、TRIN、RSI和价格。每个策略都是有活力的，这意味着如果你调整参数，你的测试结果还是很赚钱的。每个策略都提供了多种可能的应用方法，我鼓励你继续研究并找到更多的使用方法。

# 第 12 章　出场策略

　　昨天经纪人给我打电话了，他说他发现了一只价格为 60 美分的好股票。我说："太好了，帮我买入 1 万股"。十分钟后他给我电话说股价涨到了 70 美分。我说："哇，再帮我买入 1 万股"。又十分钟后他给我电话说股价现在是 80 美分！我太激动了，我让他再帮我买入 1 万股。他立即给我电话说："现在涨到了 90 美分！"我说："太好了！卖出！"他说："卖给谁？"

——亨利·扬曼

　　人们常常会告诉我们要买入哪只股票，为什么要买入这只股票。无论他们的买入理由是否正确，他们很少告诉我们何时卖出股票。

　　作为交易者，最好的办法就是在有优势的时候买入。我们在本书中已经看到，当股票（指数和交易型开放式指数基金）回调时，尤其是当天的大回调具有很大的优势时，要买入。一旦有进场优势，我们就要确定何时锁定收益。我将通过本章告诉你如何锁定收益。

这些年来，我遇到过很多优秀的交易者。当他们告诉我他们是如何交易的时候（这意味着他们愿意分享他们的策略），我就要求他们同意我测试他们的策略。看到他们用不同的办法赚钱是有趣的。大部分策略都有优势，他们也知道如何把优势转化成利润。

有时候我会遇到根本没有进场优势的成功交易者。这听起来难以置信，你只有深入研究才会明白这是有可能的。

我想到了一个交易者。他在芝加哥商业交易所租了席位，他专职交易迷你合约。他成功了，有些月份他的收益是六位数（我见过他的部分对账单，这是真的），年收益则有七位数。我知道他的进场方法，他没有优势。没错，他每年能赚七位数，他的进场方法绝对没优势。我们用不同的方法测试了他的进场方法，我们发现他的进场方法没有优势，实际上他的进场方法有负优势。

那么他是如何成功的？有一件事他做得很好，他的出场方法非常好。他本能地就知道何时出场。如果你问他是如何进场的，他能告诉你规则；如果你问他如何平仓的，他就说不清楚了。他曾经有两天当着我的面做交易，他按照规则建仓，但是他靠"感觉"出场。

这个人的出场方法超级好，他无法给自己的出场方法一个明确的定义，他只能靠直觉平仓，这是他成功的主要原因。他的进场方法基本上没有优势，因为他在某种程度上能够看出无法用言语表达的事物，所以他能赚钱。我遇到的类似成功交易者不止他一个（另一方面，我也看到过交易者把赢利的交易做成了亏损的交易，但是这是心理方面的原因，这只有靠懂心理学的人写书解释了）。

最好是在有优势的前提下建仓。然后我们希望在优势最大的时候出场，以防止优势消失了。我们想买弱卖强，我们想持续一致地按照步骤操作。有些人靠直觉都能做到这点，但是大部分人都做不到。因此，就像我们的进场规则一样，我们希望有统计数字证明有效的、持续一致的出场规则。以下是实现这个目标的一些方法。

在市场强势时卖出（卖强）是一种方法，做市商和专业人士长期这么做。有一个说法叫"当鸭子叫的时候就喂饱它们"，成功的专业交易者都明白这个道理（尤其是做市商和专业人士）。我们所做的研究能说明为什么很多专业人士喜欢这个说法。

我将和你分享五个不同的出场方法，我按照我偏爱的程度依次讲解（译者注：第一个是作者最不喜欢的），同时把统计数字告诉你。

### 固定时间出场策略

固定时间出场就是当持仓一段时间后就出场。比如，今天买入，一周后卖出。对于有些交易者来说，这个方法是有用的（当我们做模拟测试的时候，他们通过亲身实践帮助了我们了解市场行为），但是我并不喜欢用固定时间出场，这不符合卖强的思路。我们希望在强势的时候卖出多头仓位，在弱势的时候回补空头仓位。

### 第一个上涨收盘出场策略

和前一天相比，当股票或指数第一次上涨收盘时就出场。如果我没记错的话，这个出场方法是拉瑞·威廉姆斯在几十年前提出来的，拉瑞·威廉姆斯是一位出色的研究者和交易者。当我们测试这个出场方法的时候，我们对结果感到惊奇。我们知道这个方法应该不错，但是让我们惊喜的是结果非常好。几十年来，拉瑞的这个理念一直经久不衰，得到了人们的高度认可。

## 第 12 章　出场策略

### 新高出场策略

还有一个方法就是当收盘价创造新高时出场。这是符合卖强的思路的。比如双七策略就是在股票创造 7 天最高收盘价后出场。有些交易者喜欢这种方法，结果表明这个方法是有效的。正如你所看到的，这个方法比按照固定天数出场好。

### 收盘价在移动平均线之上出场策略

当股票的收盘价在简单移动平均线之上时就出场。这个方法很简单，很有活力（意味着能根据最近的价格自动调整），我们测试的很多策略表明可以得到持续一致的高收益。我们比较喜欢的是 5 日均线出场和 10 日均线出场。因为 5 日移动平均线能让我们快速出场，所以说我们很喜欢 5 日移动平均线出场方法。

### 参数为 2 的 RSI 出场策略

我真的很喜欢参数为 2 的 RSI，这并不是秘密。它能很好地找到超卖的状况，它还能找到恰当的出场价位。

使用参数为 2 的 RSI 的方法有多种，我比较喜欢的方法是 RSI 收盘数字大于 65、70 或 75。

### 不同出场方法的测试结果

我们分析了从 1995 年到 2007 年所有的价格在 200

天均线之上的股票，这些股票收盘在 10 天最低价，我们第二天用 5%的限价单进场，然后我们测试了不同的出场方法，以下是结果：

| 出场 | 交易笔数 | 平均利润/亏损百分比 | 正确百分比 |
| --- | --- | --- | --- |
| 持仓 1 天 | 63,101 | 0.61% | 56% |
| 持仓 3 天 | 63,101 | 1.76% | 60% |
| 持仓 5 天 | 63,101 | 1.97% | 59% |
| 7 天最高价 | 63,101 | 2.05% | 58% |
| 收盘价大于 5 天均线 | 63,101 | 2.65% | 70% |
| 收盘价大于 10 天均线 | 63,101 | 2.80% | 69% |
| 参数为 2 的 RSI 大于 65 | 63,101 | 2.76% | 70% |
| 参数为 2 的 RSI 大于 70 | 63,101 | 2.83% | 70% |
| 参数为 2 的 RSI 大于 75 | 63,101 | 2.93% | 69% |

这个例子表明移动平均线出场和 RSI 出场都是有活力的出场方法，都能增大优势。我们测试的大部分策略的结果都是持续一致的。

**使用跟踪止损会如何？**

回到前面的"止损会带来伤害"的那一章，我希望这次结果会有所不同，但是经过成千上万次的测试，只有少数"止损"策略能持续一致地提高测试结果,这样的事一而再再而三地发生。当我写作本书的时候,我们正在网上观看一个新软件的测试过程,观察他们建立策略模型(模型很不错)的过程很有意思,然后有人建议增加一个跟踪止损。当时的气氛很紧张,他们越是想加入跟踪止损策略,模型的业绩就越差。我们的感觉就像是一个人去看电影,但是他已经提前知道了电影的结局(这个结局是别人想象不到的)。当时每个参与的人都感到困惑不解,你现在应该知道了原因。

**恰当地平仓和恰当地进场同样重要!**

很多专业交易者会告诉你知道何时出场和知道何时进场是同样重要的。我完全同意这个说法。我们希望出场策略最好是强劲的、有活力的,也就是说出场策略能够根据最近的价格做出调整。你也知道,我们有几个出场策略,这些策略都结合了卖强的思路,结果是赚钱的。我建议你选择一个出场策略,同时要做到,趋势越强,越要想办法锁定收益。

# 第13章 思 维

武士心里明白，如果他选择了最弱的方法，他唯一欺骗的就是自己。

——理查德·马克威茨的《释放内心的武士》

要想追求卓越，需要拥有两个东西，一个是实现卓越的技术；另一个是赢的思维。交易是心理游戏。如果执行策略的人意志不强，那么全世界最好的策略都是没用的。只要完全按照计划做事，任何人都能赚钱。但是，就像生活中的所有事情一样，只有少数人会严格按照计划行事，这正是优秀的人和其他人的不同之处。

当我写到这里的时候，道琼斯在过去一年中下跌了3000多点。经纪公司快倒闭了，第一银行（报道说还有很多银行）被政府接管了。当人们传言银行的资金流失，股价下跌的时候，很多银行昨天还在宣布"一切都很好"。

市场环境和金融不仅仅是孤立的这么简单。通用汽车公司的股价在50年的最低价附近,很多航空公司快要倒闭了,在过去的9个月里"不能错过的"中国和印度的投资亏损了30%到50%。当市场的方向和每个人的预期方向一致时,这个游戏总是简单的。当波动性放大,市场下跌的时候,这个游戏就完全不同了。

交易的一部分是艺术,一部分是技术,还有相当大的一部分是心理。不仅仅是市场心理可以快速地从一个极端走到另一个极端,个人的心理也会如此。我们每天都要面对新的挑战,我们面对挑战的方式决定了我们长期下来是否会成功。

我们一起来看看几种状况,你能回答这些问题吗?

◇ 你开始用一个测试效果不错的策略进行交易,结果立即就亏钱了。你会怎么办?你会放弃这个策略吗?理由是什么?

◇ 你开始用一个新策略做交易,你立刻赚了很多钱。你会怎么办?你会追加资金吗?

◇ 你持有几个多头仓位,市场猛跌,你连续八天都是亏损的。你会怎么办?出场?

◇ 市场在这个月的下跌幅度很大,是几年来的最大

## 第13章 思 维

下跌幅度之一。你下个月怎么办？你会改变自己的规则吗？理由是什么？

◇ 你持有1000股多头仓位，你下了一个卖单，准备在48卖出。收盘后你看了一下，（订单设置错了）你没有在48卖出，你反而买入了。股票在早盘下跌了5点，你持有2000股，亏损了1万美元。你会怎么办？

◇ 你根据累积RSI交易交易型开放式指数基金，之前三笔都赚钱了。但是每次当你在RSI为70的时候卖出交易型开放式指数基金之后，市场又上涨了很多。下一笔交易你会怎么办？你会不会因为太早出场而导致少赚了几千美元，所以决定调整你的出场方法？

◇ 你是一位成功的按照模型交易的定量分析交易者。全世界最聪明的、最成功的投资者刚刚在电视上说他感觉XYZ股票很好，不容错过。你会转而去投资大师喜欢的股票吗？

◇ 在你持有的股票中，有一只股票的上市公司上周宣布公司的盈利比预期中的要高，股价跳涨。在你持有的股票中，另一家公司在本周宣布他们的盈利比预期的差很多，第二天股价下跌了40%以上。今天收盘后，在你持有的股票中还有一家上市公司要宣布盈利情况。你会怎么办？

◆ 你的长线计划是什么？你会根据上市公司不同的盈利情况反复调整仓位吗？

◇ 你的计划是，当市场越来越超卖的时候，你就逐级加仓。在理论上，这个计划不错。实际上，在市场超级下跌的时候，在信号告诉你要买入的时候，你可能会亏钱（也许会亏很多钱）。你该怎么办？你是否会认为这是最赚钱的交易，只是现在的风险是最大的，还是愿意冒更大的亏损风险？

◇ 你听说每个做外汇的人都赚钱了。你并没有统计数字能证明交易外汇就能赚钱，但是除了你之外，每个人都在交易外汇。你会不会把时间和精力从股票交易转移到外汇交易？

如果是，理由是什么？

你能想到吗？在电视上鼓吹股票和观点的人从不这样讨论问题。但是在"现实的世界中"当你的真金白银（你的钱）在承担风险时，你必须每天处理好这些问题。像问题5这样的问题可以轻松地回答。当交易者加入交易公司的时候，交易公司就会把第一个规则教给他们。你要暂时出场！不必多问。这样亏钱确实很郁闷。你知道吗？每个处于这种状态的人在一开始的思维都是一样的。他们都想继续持有并希望能在高一点的价格出场。这就是人类的本能，但是这个本能是错的！即使新手交易者在一开始就被告知了这个规则，仍然有无数个交易者坚决选择"继续持仓"的方法。

对于其他问题则更难回答，你应该（其实是"必须"）提前想好这些问题的答案。因为如果没有想好答案，你在最糟糕的时刻就会有压力，很难做好决定。如果你因为感到恐惧而无法做决定，这就更糟了。我们都听说过有些交易者把公司的钱亏掉了很多，他们还想隐瞒亏损，我们也听说有人为此被抓住了。但是有些话是从来没人对大众说的，有些事是全球的交易者每天都面对的，但是没人讲。也许你认为你在做生意，这门生意叫交易，但是实际上，你做的生意叫作决定！你提前做决定的能力越强，你的收益就越多——暂时如此。

我现在和你分享我和一个朋友在几年前的访谈内容，这个朋友曾经有十年能用最高级的、最成功的方式做决策。理查德·马克威茨（简称马克）是我多年的好朋友，他过去是海豹突击队队员，他为国家服务了十年，他曾经是海豹突击队组一和海豹突击队组二的成员。从海豹突击队退役后，马克成为发现频道的制片人和主持人，他主持的节目叫《未来武器》，现在（2008年）已经拍到第四季了。他和其他海豹突击队员会告诉你，错误的决定会让大家付出生命的代价。在训练的时候，海豹突击队员被告知要如何做决定并完美地按照决定行动。然后他们会把这些知识应用到战斗中。我则认为也可以应用到交易中。

在这个访谈中，你能看出他为了实现最高层次的成功，他的思维是如何走到极限层次的。这个访谈不但表明在交易时要学会使用正确的思维，而且表明在生活的方方面面都要学会使用正确的思维。

自从这个访谈被公开后，很多地方都转载了访谈内容。像雅虎、无数个军事网站和帮助人们克服严重事件和疾病的网站上都有转载。现在还有很多人发电子邮件给我们，向我们表示感谢，我们都没想到这个访谈对别人产生了如此深远的影响。我希望你能喜欢这个访谈，你可以和任何人分享这个访谈的内容并给他们带来积极的影响。

理查德·J·马克威茨是武术专家，他是美国海豹突击队空手格斗注册教练。虽然他不是交易者，因为他在《释放内心的武士：用七个战斗原则实现你的目标》一书中的观点对交易是有用的，所以拉里·康纳斯代表交易市场公司在2002年底采访了马克威茨。

## 第13章 思　维

**拉里·康纳斯**：欢迎理查德。我有一些问题想问你，本访谈会聚焦于超级成就。我们的会员基本上是到处拿A的人，他们中间有很多人在过去的职业中都取得了成功，现在，他们想在交易者这门非常难的行业中成功。交易是一个心理游戏，这个游戏和建仓、平仓的能力基本上没什么关系，这个游戏主要涉及控制仓位亏损并处理好混沌现象。大部分人都处理不好。这个行业的失败率是很高的，很多超级聪明的人也失败了。交易好像和直觉是相反的。有些人在过去靠直觉和逻辑获得了成功，在做交易时就困惑了。交易则与此相反。我们现在要做的事是关注成就，为什么有些人非常成功？不但交易是成功的，而且生活的所有方面都是成功的。

**理查德·J·马克威茨**：(这个话题) 听起来很不错。

**康纳斯**：大家对一件事很感兴趣：你曾经是一名成功的海豹突击队员。我们来谈谈海豹突击队员的超级训练过程。据我所知，海豹突击队员需要掌握两件事，第一件是掌握相关的技术，第二件是把握好自己，你认为哪件事比较难做，你愿意从这个话题开始谈吗？

"要想成为海豹突击队员，要想在生活的方方面面取得成功，都涉及一件事：你渴望的程度如何？"

**马克威茨**：当然愿意。要想成为海豹突击队员，要想在生活的方方面面取得成功，归根结底就是一件事：你渴望的程度如何？有时候你会觉得突击队的教练真的要杀了你，你这么想也好，事实是这样也好，你必须有能力让自己继续前进。这是非常考验人的，同理，对于生活中你非常想要的东西，你也要面对真正的挑战。

这并不是让人们得到自己想要的东西的神奇公式。无论发生了什么事，包括有"放弃"的想法时，人们都要不断地向自己的目标前进。

人们有几百种表示放弃的方法。你可以说："那件事是扯淡。这件事太疯狂了。我不相信我能做好这件事。"你也可以这样说："那个人在阻挠我"或"我能力不够"。无论你的理由是什么，放弃的理由总是符合情理的。找到目标并向目标前进，然后在和别人聊天的过程中找借口说自己已经放弃了，这是很简单的过程。人们每天在谈话的时候都会找借口说自己放弃了某件事。实际上这就是战斗，这就是战争。如果说有战争的话，战争就发生在你的内心，你必须每天面对内心的战争。

大部分参加海豹突击队训练的人都会放弃、退出或直接离开。你必须有能力自己产生一个让自己继续前进的思维。无论有多少艰难险阻，无论多么地怀疑自己，无论压力多大，无论痛苦多大，你必须有强烈的愿望，

## 第13章 思 维

你必须继续前进。

**康纳斯**：对于你的超级目标，你会不会有这样的思维：要么实现目标，要么就死？因为似乎只有像海豹突击队员这样的人才能实现超级成功，一般人很难拥有这种思维，所以只有这种思维才能让人们实现目标。是不是这样？

**马克威茨**：这涉及两个方面，你要么继续前进以实现目标，要么不这么做。在有压力、表示怀疑、忧郁、痛苦和恐惧的情况下，你要做出明确的决定。要么继续前进，要么不再前进。此时可以找到很多借口。我告诉你：放弃是合理的，我有100万个放弃的理由。但是，你是否能找到一个继续前进的理由？你可以这样说："我要奋斗到死"。只要你还活着，只要你还有心跳，你就能继续前进。这样你就能轻松地知道自己是不是在继续前进。

紧张的时候，有压力的时候，你就会怀疑……这就是自我怀疑，我想每个人都有自我怀疑的时候，我并不在乎你是多么怀疑自己，你必须再前进一步。只要你还能呼吸，你就能再前进一步。你还没死。我是按照这个格言生活的："只要我没死，我就不会放弃"。

我是按照这个格言生活的："只要我没死，我就不会放弃。"

这张照片的背面还有一句话："只有两个方法可以打败一个人：他放弃了，或他死了"。

当我为海豹突击队的训练做准备的时候，有一句话真的让我做到了继续前进。在半年的训练过程中，有些人严重受伤了，有四个人分别断了脖子、大腿和胳膊。训练过程太严厉了，其中有一周的训练叫"地狱周"，80%的参与者都会在这周失败……当时我们班有140个人，最终只有23或24个人毕业了。放弃的人很多，考虑到筛选过程很严格，不难理解为何很多人退出了。我当时68kg，身高183cm，我迫切地希望自己有一定的优势，当情况不好的时候，我需要找点东西来安慰自己继续前进。

我有一个朋友，他的兄弟通过了海豹突击队的训练，我很幸运有这样的朋友。我并不认识他的兄弟，不过他的兄弟送给我一张照片，照片正面是他们那个排跳飞机的情景。这在视觉上让我知道了我会成为什么样的人。但是更重要的是，当我把照片翻过来的时候，我发现照片的背面还有一句话："只有两个方法可以打败一个人：他放弃了，或他死了"。这句话完全改变了我。只有两个方法可以打败一个人：他放弃了，或他死了。我一直

## 第 13 章 思 维

带着这张照片,后来照片背面的墨水都消失了。

**康纳斯**:非常好的思维。

为了实现你的目标,你的执行力要符合你说的一句话:"目标、武器和行动"。你选择的目标就是你要实现的东西。你的目标能告诉你该使用什么样的武器。然后你根据你的武器采取行动。我知道很多人在第一次读到这里的时候会感到很新鲜,所以我们一起来看看。

**马克威茨**:是的,我自己发明了一个名词,叫战斗活力,本质上就是指目标决定武器,武器决定行动。只要你明确了自己的目标是什么,你根本不用想,你的武器都能自己冒出来,你根本不用想,你就能采取合适的行动。在这种情况下,你能看见重要的事,不重要的事就被忽略了。我们每分每秒都要做到这点,尤其是在压力大的时候。哪些信息是重要的,哪些信息是不重要的,你要知道如何取舍。大部分人总是喜欢关注并不重要的事,并不知道去关注能让我们继续前进的事。

**康纳斯**:这个目标方法可以应用到生活中的每个方面。你们海豹突击队员可以快速地跑到外国执行任务,任务就是你们的目标,任务就是最重要的事。同样的聚焦方式可以应用到生活的每个方面。我最近读了哈佛商学院一位教授的文章,他的研究发现这个世界上并没有把生意做好的公式,然而,拥有明确的任务是第一重要的，所以归根结底一句话，能把生意做好的人都是有明确目标的人。他们的目标清晰，交易也是同理。明确的目标可以是一年赚100万美元，或成为全世界第一的对冲基金经理，这都是明确的目标。

**马克威茨**：当然是的。你刚才谈的是大目标，我还把目标分为主要目标和次要目标……一旦你确定了大目标，那就是任务。一个任务还包含增量目标。换句话说，完成了一个目标，还有下一个目标。如果你要刨根问底的话，我认为主要目标决定了次要目标。

**康纳斯**：请举几个例子吧。假如说我们确定了最终目标，那么任务是什么，主要目标是什么？

**马克威茨**：对于海豹突击队员来说，什么是任务？假如说我们要实施一起绑架，他们说这叫抓人。换句话说，我们要去抓一个将军。因为这个将军掌握了情报，我们要活捉他，这就是任务。这个任务可以包含100或200个不同的目标。现在最重要的是完成任务，但是在完成任务之前你要做好计划。你的目标就是制订一个完美的计划。换句话说，就是确定一个时间，我们在这个时间之前必须有一个完美的计划。这就是目标，暂时就这么解释吧。

现在你要把事情细分，你要在任务中插入——跳飞机、乘船或使用潜水艇。然后你就要秘密潜入——接近

## 第13章 思　维

目标，也就是完成主要目标。然后你要采取行动，他们称之为目标行动。你具体要如何根据目标行动呢？完成目标后还要从敌军阵地撤退，换句话说就是离开危险的地域，之后你就可以告诉别人你曾经去过那个地方……

**康纳斯**：这些都是目标吧？

**马克威茨**：是的，因为如果我一开始就思考如何从敌军阵地撤退，那么抓到那个人的概率有多大呢，或者说潜入的概率有多大呢？

**康纳斯**：也就是说一次走一步。

**马克威茨**：你懂了。

**康纳斯**：我们从交易的角度来谈谈这个话题。你的第一个目标是确认交易模式，然后参与这个模式，然后再恰当地加入你的出场策略。你是一次走一步。你不会考虑亏钱的事，你不会考虑如何花钱，你也不会考虑这是不是连续第三笔赚钱。你不会提前思考，你完全聚焦于简单地走好下一步。

**马克威茨**：完全正确。这个方法能帮助你聚焦于主要目标。

**康纳斯**：这样人也不会感到混沌。

**马克威茨**：完全正确！换句话说，只关注完成整体任务，把其他的想法、感觉和事物都抛之脑后。

**康纳斯**：所以说目标决定了武器，武器决定了行动。

我们已经谈论了目标，我们现在谈谈武器。具体是如何运用的？

**马克威茨**：当我们谈论武器的时候，我想用一个比喻的方法，我喜欢用比喻的方法向人们讲解事物。我希望你的武器能轻松地完成目标，且不会让你受到伤害。这是很重要的，举例说明，当你研究止损时，最小化亏损是帮助你实现目标的步骤之一，止损单就是你的武器。你用特定的武器最大化利润或最大化收入，并避免让自己处于危险之中。

**康纳斯**：请继续……

**马克威茨**：我们把武器叫作一套技术。根据你的不同看法和目标，武器可以是技巧，可以是策略，也可以是真实的工具，也可以是你正在使用的技术。我再说一次，武器取决于你的目标。大部分情况下武器是技巧、设备或工具……无论是什么，它都能帮你实现目标。行动就是用武器击中目标。

你扣扳机的时间越长，你就越容易怀疑、犹豫、感到痛苦和感到恐惧。

**康纳斯**：我经常看到交易者不愿意扣扳机……他们有行动方面的问题。他们要综合考虑，他们知道要进行交易，他们知道进场点在哪里，但是到了应该扣扳机的时候，他们却没有这么做。这就是你所说的行动，他们

# 第13章 思　维

麻木了。

**马克威茨**：确实会发生这样的事。在"目标决定武器，武器决定行动"的链条中，有时候目标和武器之间的某些链接并不好，某些链接并不好是指你在怀疑、猜测、忧郁、感到害怕或有其他表现。你扣扳机的时间越长——就像你说的那样——你就越怀疑、猜测、犹豫、感到痛苦并感到害怕。

**康纳斯**：你如何防止自己出现这样的情况？

**马克威茨**：回到目标！只聚焦于目标。问自己："目标是什么？目标是什么？"这样就能减少混沌的状况并做到全神贯注。

**康纳斯**：总是聚焦于目标。

**马克威茨**：是的。另外一半是要有勇气。

我喜欢简单的问题。我做的事叫"确定自己是否有勇气"。我在研究如何应对地狱周并成为海豹突击队员。要如何做到呢？是不是要穿那样的短裤才能避免皮肤发炎？是不是要穿某种袜子才能避免皮肤发炎或要保住脚部暖和？是不是要其他东西才能帮助到我？结果发现这些东西都是垃圾，都不重要。当我努力检查的时候，我发现了一个秘密，那就是你必须有勇气。我在坚持到底的过程中学到了什么叫勇气，我在内心感受到了勇气。所以我想了一个简单的方法来检查自己是否有勇气。如果你对这三个问题能做出肯定的回答，那么你就有勇气面对生活中的任何事。

**康纳斯：** 是哪三个问题？

第一个问题是：你愿意做选择吗？

很多人每天都在做选择。看电视的选择、做其他事的选择、对某人友善的选择或对某人不友善的选择，但是很少有人做出显著提高生活质量的选择。很多人都愿意做出选择，但是对于第二个问题，很多人就不好回答了。

对于第二个问题，有一半的人无法回答：你有勇气开始吗？

很多人空空而谈，需要实践时他们就消失了。事实真的如此。你愿意站出来并完成工作吗？

**康纳斯：** 为什么你认为有一半的人会停止？

**马克威茨：** 我认为他们害怕了。

**康纳斯：** 为什么？

**马克威茨：** 为什么？第一，大部分人并不认为自己足够优秀，他们会认为自己哪里错了。

**康纳斯：** 自我怀疑。

**马克威茨：** 是的，他们认为自己不值得，他们甚至害怕去尝试。他们确信自己会失败，他们非常确信自己会把事情搞砸，他们确信会出问题，所以他们甚至不敢站出来。

**康纳斯**：你是如何克服这个问题的？

**马克威茨**：如何？要承认你并不知道下一步会发生什么，你不必每分每秒都知道生活中会发生什么。你以为你知道，但是现实是你连十秒钟后发生什么都不知道。一个小时后会发生什么？你不知道。一年后会发生什么，你也不知道。这是事实，生活就是如此。

**康纳斯**：所以说如果你不尝试，你确实知道自己不会成功。

**马克威茨**：但是你知道吗？你实际上连机会都没有。你的思想并没有想到机会，你的思想知道你不会成功，所以你的思想就确认了一个事实，你猜是什么事实？"我什么都知道"。

"当我观察那些和我一起奋斗过并成功的人时，我发现他们自始至终在做一件事，那就是承诺要完成（目标）。是的，他们愿意做出选择，他们有勇气开始，但是只有一件事让大家有分别，那就是有人做出了承诺，无论如何，都要去完成（目标）。"

**康纳斯**：你是如何做到确信自己会成功的？

**马克威茨**：我并不认为你要训练自己的思维。我的意思是你本来就可以做到，你可以缩短这个过程，你能的。

**康纳斯**：第三个问题是……

**马克威茨**：你有勇气去完成（目标）吗？你有勇气成功地完成自己的任务吗？你知道没有通过地狱周的成千上万的人有什么共同特点吗？

**康纳斯**：他们的共同特点是什么？

**马克威茨**：他们放弃了。

**康纳斯**：你讲的东西不但对海豹突击队员有用，对生活的任何方面都是有用的，无论你在做什么。

**马克威茨**：绝对正确。

**康纳斯**：你已经谈到了包括海豹突击队员在内的有目标的人是如何实现超级成功的。我听说6000个人里面只有一个人能通过地狱周，所以说这些人的执行力是大部分人无法企及的。你和专业的运动员、娱乐业的名人以及非常成功的商人接触过。如果你能找到他们的共同特点，那么他们成功的共同特点是什么呢？

**马克威茨**：明晰的目标和毅力。

当我观察那些我曾经共事过的成功人士时，我发现他们总是在承诺自己能完成（目标）。是的，他们愿意做出选择，他们有勇气开始，但是让他们出众的是他们承诺无论如何都要完成（目标）。即使他们要死了，他们也要去完成（目标），我认为这才是最大的事情。很多人做事都是虎头蛇尾。

## 第13章 思　维

**康纳斯：**这些人选择了目标，然后一直朝目标前进，是吗？

**马克威茨：**绝对是的。如果你至少是朝目标前进的，你就能走向你的世界。这是最重要的事。你的生命只有一次，你必须全力以赴。如果你半途而废，我告诉你，当你死的时候，你就会感叹自己为何要诞生在人世。

**康纳斯：**再谈谈海豹突击队员，他们是不是有这样的思维，死了就等于永远出局了？

**马克威茨：**是的，我的意思是，文斯·隆巴迪有一句话说得非常好："疲惫让我们都成了懦夫"。在地狱周期间，你会身心疲惫，你会觉得休息一秒钟都是好的，到了第三天或第四天，你又冻又冷，你感觉自己很惨，也许此时你会看到有三个人放弃了。如果想放弃，30秒之内你就放弃了，但是放弃就等于否定了之前投入的所有时间。你失去了目标，一切都完了。

我在地狱周刚开始的时候会对自己说："我已经通过了前面的训练，我就能再通过一项训练。如果我能通过两项训练，我就能通过三项训练；如果我能通过三项训练，我就能他能通过四项训练；如果我能通过四项训练，我就能通过五项训练；如果我能通过八项训练，我就能再通过八项训练。噢，我已经通过了今天的训练，我明天就可以继续努力；我通过了两天的训练，我就能通过三天的训练；我通过了三天的训练，你猜我会怎么想？我就知道自己能通过六天的训练。"

放手去搏。你建立了动量引擎，这个引擎会让你继续向前，不停地向前。我的谈话并非是空空而谈，而是让你持续前进。要想向的目标前进，不能放弃。当别人说："拒绝失败"的时候我则会说："拒绝放弃"。知道了什么样的言词会导致你放弃，你就不必担心失败了。

**康纳斯**："大熊"保罗·布莱恩特有一句名言："第一次放弃比较难，第二次放弃有点轻松了，第三次想都不用想就放弃了"。

**马克威茨**：说得非常好。

**康纳斯**：你在你的书中谈过，抱着不可能失败的心态去行动。

**马克威茨**：抱着不可能失败的心态去行动。如果你是这么做的，如果你有明晰的目标，如果你很坚持并承诺要完成（目标），而且你真的承诺要实现结果，那么你就会成功。成功并不神秘，成功就是和目标有明确的联系。

**康纳斯**：请让我再回头问一个关于混沌的问题。在你执行的战斗任务中，你的生命处于危险之中。如果有什么意外——你就死了。你如何消除这个想法带来的压力？

**马克威茨**：方法就是聚焦于目标！

**康纳斯**：是不是在海豹突击队的时候他们就是这样教你的？他们教你如何……

**马克威茨**：根本不是"教",是"聚焦"。什么是目标？你要不停地问自己这个问题。我现在要做什么？现在的目标是什么？每时每刻都要这样问自己。

每时每刻都要回到目标,如此强调并不过分。我不在乎会发生什么……宇宙可能会毁灭。只要你在持续前进,"目标是什么？我现在要做什么？此时的目标是什么？"结果会自己照顾自己的。在别人眼里似乎你没有什么变化。

**康纳斯**：请你帮我们总结一下。

**马克威茨**：聚焦于完成目标,永不放弃。我在海豹突击队服役10年,这个方法对我是有用的,对于我共事过的很多专业运动员和成功人士来说,这个方法也是有用的。要生活在这样的思维中："只要我没死,我就不会放弃"。

**康纳斯**：谢谢你,理查德,这个总结太好了。

# 第14章 最后一章

我们已经从头讲到尾了，讲了很多内容。首先我们反复强调了买弱卖强是有好处的。我们明白了在超级弱势的日内价位买入可以增加优势，在超级强势的日内价位卖出可以进一步加大优势。我们了解了参数为 2 的 RSI 可能是交易证券和交易型开放式指数基金的最好的指标之一。我们还学习了一些策略，这些策略在 13 年的时间里有 80% 的时间都能正确地预测标准普尔 500 指数的方向。在开发交易策略的时候，我们明白了最好要做到简单。不但用双七策略交易美国品种是赚钱的，而且交易外国品种也是赚钱的。

结合 VIX、TRIN、参数为 2 的 RSI 以及价格，我们学会了五个预测股市的赚钱的策略。本书中的每个理念和策略都被量化分析过，有些策略的模拟测试交易高达几百万笔。自己有观点当然好，但是从专业的体育行业到增长最快的互联网行业等主要快速成长行业的情况来看，我们发现统计数字更能说明问题。

我们知道出场的方法有很多种，知道如何出场和知道如何进场同样重要。然后我们花了不少时间研究最重要的交易工具——能最终决定你在交易和生活中成功的东西——你的思维。大部分人都没有能力到敌对国家去抓捕对方的一个将军，但是这并不意味着我们无法在有压力的情况下学会赚钱的思维。就像理查德·马克威茨说的那样，当你每天都聚焦于你的目标的时候，你就能把压力转化为优势。

**以下是我们总结的 16 个有用的短线交易策略**

策略 1——在回调时买入，不要在突破时买入！统计数字完全证明了这点。

策略 2——在股票连续几天下跌后买入，不要在连续几天上涨后买入。

策略 3——买入价格在 200 天移动平均线之上的股票。

策略 4——买入 VIX 在 10 天移动平均线之上至少 5%的股票。当 VIX 在 10 天移动平均线之下至少 5%时锁定利润（或做空股票）。

策略 5——正如你所见，止损可能是代价昂贵的保险。

策略 6——在（别人）担心的时候持仓过夜。这么

## 第14章 最后一章

做的回报很大。

策略7——在日内回调时买入股票可以增大优势。

策略8——在所有的交易中都使用参数为2的RSI，它简直就是一个圣杯指标。

策略9——当市场和股票的参数为2的RSI小于5时，买入。

策略10——用累积RSI进行交易。累积RSI的数值越低越好。

策略11——用双七策略交易美国和全世界的指数以及交易型开放式指数基金。

策略12——用TRIN、VIX、参数为2的RSI以及价格预测市场。

策略13——在月底买入股票，尤其是在连续一两天下跌的时候要买入。

策略14——有很多好的出场策略。关键是你使用的出场策略要有活力。最好的出场策略是收盘价在5天移动平均线之上和RSI出场策略。

策略15——每天做好交易计划。专业的交易需要专业的准备工作。

策略16——最重要的策略是从你的思维开始的。你的思维能决定你的成功。你越是关注你的目标，你就越成功，你的利润就越多。

我希望你会喜欢本书中的策略和信息，希望这些策略和信息能帮助你赚钱。如果你有任何想法或问题，你都可以随时联系我，我的电子邮件是 L. Connors@ trading-markets. com。

# 拉里·康纳斯提供的其他交易资源

### 拉里·康纳斯每日作战计划

你可以通过每日作战计划来总结每天如何做计划。每天早上,你都可以通过网络或声音文件来了解我对市场的看法。我对市场的看法包括我对交易型开放式指数基金、股票、迷你合约以及本书中很多策略的评论。如果你想免费试用一周,请拨打电话 213-955-5858,分机是 1,你也可以到 tradingmarkets.com 网站注册,一旦注册成功,你的免费试用就立即启动了。

### 交易市场网站的波段交易大学

我每年会举办三届为期 12 周的关于波段交易的深入课程。每次招收 50 名学生,我会在每个周二晚上在网上讲课一两个小时。所有的课程内容都会被录制下来,以方便你日后随时复习,这样你就能更加深入地掌握这些策略。课程会涉及证券交易、交易型开放式指数基金交易、期权交易、迷你期货交易、交易心理、全职交易和实战交易。如果你想了解具体情况,请拨打电话213-955-5858,分机是1。

# 读者反馈

以下是参加了交易市场波段交易大学的部分学生的反馈……

"你的课程太好可,毫无疑问这是我参加过的最好的课程。"

——E·贝瑞博士

"有些交易者参加了一些课程后就发出了责备的声音,我和他们不同,我认为这是我今年做出的最明智的投资之一……我才上了一节课,我就敢这么说!!!"

——迈克尔·依巴斯汀

"我想向你表示感谢,你传授给我的知识和研究结果太好了。作为全职交易者,你的系统对于我这样不能整天坐在计算机前面的人来说,是非常理想的系统。"

——弗雷德·索耶

"(你让我做的)家庭功课太好了,结果非常有启发性,我简直不敢相信这些数字。"

——纽约的 R·V

"谢谢你的精彩课程,我感觉我有了一个有绝对优势的系统。"

——格瑞格·麦克亚当

# 拉里·康纳斯的主席俱乐部

我成立了一个专业的交易研究团队,我们每年会有几次聚集在一起讨论最新的研究成果。这个团队包括基金经理、专业交易者和全球交易公司的顶尖交易者。根据你的经验、知识和对团队做出的贡献,我们会判断是否让你加入。如果你对我们的主席俱乐部有兴趣,如果你想了解具体内容,你可以随时发电子邮件给我,我的电子邮件是 l.connors@tradingmarkets.com。

# 译者后记

这本书语言简练,因而显得篇幅略短。比如书名表明是讲短线的,什么是短线?作者并没有解释,而是按照自己的思路写作的,通过仔细阅读,我们才能看出本书中的短线指持仓时间为几个交易日的交易,并非是指日内短线。

本书讲解了十多个策略,也许是为了节约篇幅,作者并没有具体讲解模拟测试过程和详细结果,再加上作者测试的是美国的数据,对于这些结论,读者亲自去验证这些策略是否适合中国市场是比较明智的做法。毕竟市场不同,环境不同,对美国市场有用的策略,确实要用中国市场的数据来进一步测试证实。

比如,作者说低买高卖好,在高价买入,然后在更高的价格卖出并不好,但是我们在很多投资书中看到很多人支持在高价买入,然后在更高的价格卖出。到底哪个方法好呢?我们不能偏听偏信,唯一的办法就是自己去验证。又比如，作者认为在回调时买入比在突破时买入好。对于本书中提出的每一个策略，都要读者自己去验证。

好在作者提供了十多个策略，这些策略就是指导方向，这些策略都很简单，比较容易验证。作者提到的RSI指标也是如此。只要读者按照作者的意思逐一检查并做测试，相信读者一定能够找到适合自己的交易策略。同时，也只有自己亲自验证了一个交易策略，读者才能对这个策略产生信心，才会坚定不移地使用这个策略。

VIX这个指标是芝加哥期交易所的特有指标，国内并没有。国外关于波动性指标的书很多，国内较少有人谈论波动性指标。这个指标值得重视。一般情况下，少数人使用的指标比较有效，如果读者能够找到适合自己的波动性指标，也许就拥有了自己的优势。新手则要谨慎。

本书比较有趣的是，作者明确指出了市场并非是按照逻辑波动的，市场常常和逻辑是相反的。或许这正是很多在其他方面有成就的人刚开始做交易会大败的原因。市场的波动和逻辑相反的原因是市场总是提前消化吸收了某些消息。这些都是非常有价值的信息。大部分新手通常并不知道这个现象。

最后，作者用很多文字来谈论交易心态。很多交易书都指出了，在事业上成功的人很可能在交易时不会成功。本书作者认为，在事业上成功就一定能在包括交易在内的方方面面都成功。成功的原因就是目标清晰，誓死达成目标。这些文字确实能对我们生活的方方面面产生积极的影响。值得用心体会。

  本书的完成得到以下同仁的大力帮助，他们是：朱杰、吴文莉、李超杰、陈鼎、余锋、常红婧、郑星、田军、彭家伟、张苹、苏远秀、范纯海、张毅、吴春梅、肖艳梅、张毅。其中第一章至第五章由肖艳梅、朱杰、吴文莉翻译；第六章至第十章由张毅、李超杰、田军翻译；第十一章至第十五章由常红婧、郑星、彭家伟、张苹、苏远秀、陈鼎、余锋范、纯海翻译；其余部分由张毅、吴春梅翻译，全书由康民负责统校。由于译者水平有限，错误和疏漏之处在所难免，敬请读者批评指正。

高级趋势技术分析
高级波段技术分析
高级反转技术分析（上、下）

作者：阿尔·布鲁克斯

这套丛书是写给严肃的交易者看的，阿尔的书最大价值在于，阐述了理解价格行为以及逐根K线分析走势图有助于追踪通常由机构所推动的形态，通过小止损、早入场，让机构为个人投资者"抬轿"并最终获利。

在这套丛书中，布鲁克斯主要通过5分钟周期的K线图来阐述一些基本原则，但也讨论日线图和周线图，书中也有如何将价格行为分析用于股票、外汇、国债期货和期权的内容。

期货、外汇
PA、裸K
刮头皮

期货、外汇
PA、裸K
刮头皮

### 市场择时新技术

作者：托马斯·德马克

高盛集团、花旗银行、摩根银行、纽约人寿特聘市场策略大师。

托马斯·德马克里程碑式经典著作。开启技术分析的崭新时代，被《Future（期货）》杂志誉为"完美的技术分析师"。

### 资金管理新论

作者：拉尔夫·温斯

拉尔夫·温斯，专业的计算机程序员出身，为基金、大型交易机构和职业操盘手编写了一系列交易分析程序。

本书致力优化资金账户表现，阐述"最优"概念，提供革命性投资组合管理模型。

### 如何建立高胜算交易系统

作者：安东尼·特龙戈内

安东尼·特龙戈内，美国纽约大学博士，注册金融规划师，商品交易顾问，交易决策软件 eSignal 的高阶教师。

自己掌控资金，自主进行交易决策，这样才能应对每个交易日的挑战，让自己离成功目标更近！

### 日内交易入门

作者：杰克·伯恩斯坦

超短线交易技术核心内容是稳固而且简单易学的。本书涵盖了短线交易的各个方面，解释为什么短线交易技术起作用，如何在金融市场中扮演恰当角色，如何引导风险。内容从基础开始，然后逐渐转移到高级话题。

### 华尔街操盘手是怎样炼成的

作者：罗布·布克

这是一本通俗易懂、风格独特而又让人享受到阅读乐趣的书。作者以非常风趣的方式告诉我们在交易时如何避免犯下最常见的错误。如果您已经厌烦了阅读课本式的入门书籍，那么这本书非常适合您，强烈推荐这本书。

### 低风险高收益动态交易指标

作者：马克·W.黑尔韦格

戴维·C.司汤达

本书介绍了一种全新的蜡烛图——价值图。您可以凭借本书，尽情地学习这种革命性的交易指标，它已经为你打开了通往交易成功、风光无限的大门。本书可以说是股票和期货交易者必读之书。

### 克罗技术分析新指南

作者：斯坦利·克罗

斯坦利·克罗 (Stanley Kroll) 是美国备受尊敬的期货专家，被业界评为全球九大基金经理之一。

本书提出了一组新的动态价格风险控制指标，为技术形态的识别、指标步长的调整、价格预测中的难点和挑战提供及时可靠的解决方案。

### 华尔街交易智慧

作者：劳伦斯·A.康纳斯

琳达·布拉福德·拉斯琦克

来自于金融历史上的两位大师多年的操盘经验，帮你对市场进行"精准打击"，在短线持仓中实现高额盈利。简明扼要的策略，无需高强过人的金融知识就能让你沉浸在短线交易的游戏里。

### 投资心理学

作者：杰克·伯恩斯坦

《短线交易大师：精准买卖点》《短线交易大师：超短线交易秘诀》作者杰克·伯恩斯坦的又一巨著。

本书简洁明了的语言，全面剖析了证券市场参与者的心理；高效实用的处方，旨在重建投资者强大的内心。

# 专注证券图书出版15年

## 国内专业的证券图书出版商

我们不只是卖书,也不仅仅是出版!
欢迎搜索关注"舵手图书"定制出版、投资者教育……
更多增值服务等着您。

更多增值技术资料请扫描微信二维码
添加舵手图书微信订阅号

舵手证券图书天猫店铺:https://bjwyts.tmall.com